薄荷实验

Think As The Natives

〔美〕基伦·纳拉扬 著

淡豹 译

生活在写作之中

与契诃夫一同磨砺民族志技艺

Alive in
the Writing

Kirin Narayan

Crafting Ethnography in the Company of Chekhov

华东师范大学出版社

·上海·

图书在版编目（CIP）数据

生活在写作之中：与契诃夫一同磨砺民族志技艺/（美）基伦·纳拉扬著；淡豹译.—上海：华东师范大学出版社，2023

ISBN 978-7-5760-4476-8

Ⅰ.①生… Ⅱ.①基… ②淡… Ⅲ.①民族志—写作—研究

Ⅳ.① K18

中国国家版本馆 CIP 数据核字（2024）第 013001 号

生活在写作之中：与契诃夫一同磨砺民族志技艺

著　　者	〔美〕基伦·纳拉扬
译　　者	淡　豹
责任编辑	顾晓清
审读编辑	郑絮文
责任校对	姜　峰　时东明
装帧设计	周伟伟

出版发行	华东师范大学出版社
社　　址	上海市中山北路 3663 号　邮编　200062
客服电话	021－62865537
网　　店	http://hdsdcbs.tmall.com/

印　刷　者	苏州工业园区美柯乐制版印务有限公司
开　　本	787×1092　32 开
印　　张	10
版面字数	152 千字
版　　次	2024 年 7 月第 1 版
印　　次	2024 年 7 月第 1 次
书　　号	ISBN 978-7-5760-4476-8
定　　价	75.00 元

出 版 人	王　焰

纪念我的两位祖母——

艾丽丝·玛丽·费什·基辛格

是她教会我阅读、

写作

并在词语的技艺中找到快乐

以及

坎拉拜·朗姆吉

她不会读，不会写，

但她以自信

挥舞词语，迸出五彩斑斓的故事

托尔斯泰这样描述契诃夫：

"他是一位奇怪的作家：他使用词语
仿佛并不多加考虑，然而每一处
都有生机。而且他对人有多么了不起的理解！
从没有多余的细节；
每个细节都必要，
或者美。"

—— A. B. 戈尔登怀兹，《与托尔斯泰的谈话》

目 录

序　言　生活在写作之中

当词语携带着能量汇集，其他地方、其他人、其他声音就在平行的生活中激荡不已。写作者本人也会感到更有活力，更为清醒地与自身内部的源泉相连，那源泉向外喷涌，迎向其他生命。这，至少是我们的理想。不过有时，词句也会拒绝我们的召唤，写作者会无精打采、漫无目的，或者陷在更糟糕的孤独与沮丧之中。为找寻鼓励、目标、伙伴，写作者可能会四处寻觅写作小组，或工作坊与课程，甚至，像你面前的这样一本书：一本关于写作的书。

这本书的种子是我在"民族志写作"与"创造性非虚构写作"交叉的十字路口找到的。我是一名文化人类学家和民俗学家，多年来都在阅读、书写、教授民族志——民族志是一种近距离的记录，尝试去深入洞察人们在世界的各种情境、各个角落中正在展开的生活。我对写作也很感兴趣，因此我开始教授关于民族志写作的课程和研讨班。通常来讲，民族志写作来自一个定义清晰的研究性项目。不过，在日常生活中，我们也都在持续思考——有意识地或无意识地——个体故事与社会进程相互纠缠的多种复杂方式。

早在写民族志之前，我就写过短篇小说。后来我也曾写过长篇小说和家族回忆录。在这些文体之间来回腾挪移动时，我开始思考，生活的原始材料能够由哪些方式塑造成引人入胜的故事？这些故事未必会被贴上民族志的标签，但仍受到了民族志的影响与帮助。因此，我进一步研究了"创造性非虚构写作"：以真实的人／地点／事件为基础所形成的有想象力的、引人入胜的记录。创造性非虚构写作与以下这些文体都有交集：描写个人经历的随笔、回忆录、传记、自然写作、旅行写作、融入文学手法的"文学新闻"（literary journalism）、文化批评。在本书中，我也会探讨创造性非虚构写作与民族志能够产生哪些形式的交叉。

你能找到许多有用的著作，或将民族志作为一种研究手段来呈现，或将民族志视为一种要加以阐释及理论化的文体。但是，讨论民族志文本构建的实用技艺的书，并不多见。你面前的这本书是一本操作指南，我无法直接开出药方，但我想呈现一系列令人兴奋的例子与建议，令它对民族志写作者、对写作内容与民族志有所关联的文本创作者都能有所帮助。我的丈夫肯向朋友描述这本书时开玩笑地说："它可不是一本教人'**就得这么办**'的指南，它是告诉人'**不如这样试试看**'。"

这本书分享的部分心得，是我从好友乔安·马尔卡希（Joanne Mulcahy）那里学到的。她是一位出色的作家和写作教师，工作于民族志、民俗学、创造性非虚构写作的交叉地带。最初开设关于民族志写作的课程时，我给学生布置的是简短的课后作业。而乔安邀请我去开办为期三天的工作坊，在此之后，我明白了一种经写作理论研究者、写作老师彼得·艾尔伯（Peter Elbow）推广后，广为人知的练习方式：写下去，先别想你写得是好是坏，也不求完成一项精美的作品。这就是"**自由写作**"（freewriting）。我也理解了要给出"**提示**"（prompt），即先给出一个具体的例子或者起始句，这样做效果惊人，能帮助写作者更轻松地跨越"如何开头""从何处开始写"的难关。并且，我发现了"共同写作"的力量。在课堂上、工作坊中，或者找一位朋友一起写都是好办法。我还意识到，在自己的作品进展到特定阶段前，应当提前向读者征求对那个阶段会格外有帮助的建议。

写作过程总会带来新发现。写这本书时，最大的惊喜在于我对安东·契诃夫逐渐心悦诚服，一步步成为这位俄国短篇小说作家和剧作家的信徒。本书第一稿写到将近 50 页时，一位朋友建议我考察他的《萨哈林旅行记》所具有的民族志性质。这是一本非虚构作品，描写位于俄国东部、日本以北的沙俄流放地萨哈林岛上不能尽数的苦难与荒诞，出版于 1895 年。我对它产生了好奇：这部作品不是"按照"民族志写的，但无疑极富民族志性质。对于今天的民族志写作（既包括面向同行专家或学科内部的写作，也包括面向大众的写作），它能带来哪些启发？契诃夫是一位医生，我也感兴趣于他如何将实证的精确性与艺术的感召力相结合。我发现自己不由自主，越来越着迷于这位黑发、蓄络腮胡的年轻人。当年他还未确诊，但已经显露出肺结核的症状，为什么他要离开家人、朋友、读者，开始这一趟穿越整个西伯利亚前往萨哈林岛的艰难旅途？跟随契诃夫的脚步，我发现自己也展开了一场意料之外的冒险，它主导了本书后面章节的写作。

除了《萨哈林旅行记》，契诃夫还留下了体量巨大的作品：不同长度的小说近 600 篇，仅现存书信就有 5000 多封，四部重要的剧作，几部小戏，以及笔记。他也激发了其他人的写作，人们写下关于他的回忆、传记、研究著作。当我走进由这些材料构成的迷宫时，我惊讶于一位早已于 1904 年一个温暖的七月夜晚离开世界的逝者，到如今仍这样鲜活生动。阅读契诃夫的作品以及关于他的作品时，我常感到自己在与他的心智进行清醒、活泼、生气勃勃的交流：他不是一位过时、空洞的"重要作家"，而是一个幽默、悲伤、才思敏捷的人，就活在我们身边毫厘之距，即便我们无法直接触碰到他。不过每一次，当我感到自己已经熟悉他，就会在某页上读到一个简短的表达，或者一行深刻的洞察，闪耀着炽热的光芒，令我在惊羡中后退不已。有时我的钦佩会近乎崇拜。之后我又会略带不适地感到，他毕竟是人，不完美，充满矛盾，也受限于他所处的时代。回顾契诃夫在 19 世纪最后几十个年头到 20 世纪最初数年的生活，我理解了他如何一步一步走向成熟，成为愈发和蔼温柔的人，也成为更为深刻的作家。研读材料的整个过程里，我意识到写作者始终以多种不可思议的方式活在自己的作品中，也活在他人近距离的观察与记述之中。

　　写作给人机会去培养对生活的警醒与关注，又迫使人选取精确的语言，提高对生活的洞察力与认识能力。写作也让作者有可能与原本不可见的读者群体沟通，交流画面与见解。本书中提供的写作练习意在让使用者向内能培育自身的观察理解能力，向外能提高写作水平。我们每一个人都可以不断提高写作能力，练习将细节描述得生动，把想法铺陈得清晰，让笔下每一个字都有其不可或缺的意义。磨砺过技艺的写作能在多个层次上同时打动读者——包括心智、情感、审美。词句或许会褪色，但那种深远的影响力则经久不散。无论是在书籍、文章或随笔、研究经费申请报告、评论、申请文书、博客，还是社论中，仔细拣选的词语能汇聚力量，改变他人的心灵，甚至有可能改变我们生活的状况。在最好的情形下，强有力的作品能引导人们关注苦难与不公，让人们的共情与愤怒更为强烈，阐明具有想象力的替代解决方案，激发人们行动的能量。

　　你不需要一次性读完这本书，也无须按照设定的章节次序阅读。你或许会想先翻阅一下：浏览它涉及的主题，阅读书中对他人作品的摘录，读一点契诃夫，选择书中的几项"提示"，试着完成几则练习。你也可以从"后记"开始，那里提供了各种小建议，有关如何开始写作，如何在不时袭来的自我怀疑中继续写下去，如何反复修订草稿直至完成整个写作项目。你或许会想找一两位志趣相投的朋友共同使用这本书，一起写作。当然你也可能是在课堂上遭遇这本书，按照老师建议的方式使用它。

全书中会不时出现黑体字的"提示"，旨在激励你开始"自由写作"：从那颗种子给予你的刺激（无论它是什么！）开始写，不受打扰，先写下去，待完成后再考虑修改。每章末尾的"练习"则期待你完成一份更完整优美的作品，能交由他人阅读。我建议将每项"练习"作品控制在双倍行距下两页的长度，一行也不要超过。因为，第一，我们应当学会以精练的方式写作，减轻读者负担。尤其当你是作为群体的一员与他人交换草稿时，篇幅短的作品更有可能得到他人深思熟虑的意见。第二，我相信，强迫自己保持简洁，能让你对语言保持敬意，尊重每一个词。你大可以在得到读者意见后再扩展作品，达到你想要的合适篇幅。

这本书有它内在的不完整性。为面向背景多

种多样的读者，也为让本书免于厚重，我不得不自我克制，没有在书中详细阐述人类学的历史，也避免了围绕"再现"（representation）的多种选择而出现的各种学科内部的讨论。有许多我钦佩的民族志作者和其他类型的作家的作品未能被收录进来。我尽量引用书籍，而不是文章或论文，也试着把对每一位作者的引用局限在一本书。或许这些省略能够促使读者自己去填补空白，寻找更多值得写的主题，为自己设计更多"提示"。

1886 年，契诃夫给哥哥亚历山大写信，就写作问题给出了自己的看法："我是作为一个具有一定审美力的读者向你说这些话的。我这么说也是为了使你在写作时不感到孤独。创作中的孤独感是一种令人难受的东西。"[1] 本书也由我的偏好所塑造，它背后有着想要找到同行者的冲动，浸透了写作中的孤立无援和艰难感。在书中，我会就可行的道路给出建议，但创造的终点，则在你自己手中。

无论你开始的是一段怎样的写作之旅，我希

1　"致亚·巴·契诃夫，1886 年 5 月 10 日，莫斯科"，引自《契诃夫书信集》，契诃夫著，朱逸森译，上海译文出版社，2018 年，第 9 页。本书译注中列出标题和日期的书信译文皆参见此中文译本，个别译文略有调整。（如无特殊说明，本书脚注均为译注）

望本书中那些契诃夫的作品、具有文学性的民族志、含有民族志倾向的非虚构作品，能给你带来温柔的陪伴和明亮的激励。

1 故事与理论

在契诃夫的小说《我的一生——一个内地人的故事》[1]中，叙述者米萨伊尔·波洛兹涅夫曾短暂地扮演过一位民族志学者。米萨伊尔二十多岁，是位年轻的理想主义者，来自俄国外省小城一个富有、受人尊敬且自命不凡的家庭。故事发生时，他丢掉了又一份文职工作，进一步激怒了严厉的父亲。他从家里搬了出去，打算单靠自己的劳动谋生。最终，他加入了一个油漆工匠队。镇上的商人和杂货店主嘲笑米萨伊尔，视他为自身阶级的叛徒：当他穿着破烂的工人服装走在大街上时，人们笑话他，羞辱他，向他扔东西。那

---

[1] 《我的一生——一个内地人的故事》是契诃夫 1896 年的作品；相关引文参见翻译家汝龙的译文，可参见人民文学出版社出版的《契诃夫短篇小说选》《汝龙译契诃夫短篇小说》《契诃夫小说全集》等多种选本或全集。

些从前和他社会地位平等的人，如今大多回避他，但是当地铁路大亨的女儿，迷人的金发女郎玛丽亚·维克托罗芙娜，却觉得这一切很有意思。她邀请米萨伊尔去庄园做客，并向他保证，富有而依赖他人是种乏味的生活。之后，她要求他多谈谈油漆匠："请您跟我讲点快活的事吧。请您谈谈油漆工人。他们是什么样的人？可笑吗？"米萨伊尔叙述："我开始讲油漆工人，可是因为不习惯而觉得拘束，就跟民族学家那样讲得严肃而没有力量。"

在场的还有一位年轻的知识分子，是位医生，也讲了关于工人的故事，不过讲法极具戏剧性，一会儿摇晃身体，一会儿哭泣起来，一会儿又跪下，躺到地上，玛丽亚笑出了眼泪。后来医生唱起歌，玛丽亚模仿她所认识的歌唱家的姿态，再在素描本上画出两位访客的轮廓。晚餐时，玛丽亚和医生一同举杯庆祝崇高的理想，"友谊，智慧，进步，自由"，笑得歇斯底里。米萨伊尔则在一旁观看，想着这一切。

读到这一段时，我已经连续几个月从契诃夫作品中挖掘出令人意外的能量。而读到以上这段对民族志学者的特征描述时，我也笑了：既因为辨认出自己的学科，也因为它与那位精力充沛的医生所演出的粗鲁闹剧形成了极端对比。能问出油漆匠是否"可笑"这个问题本身就预示着讽刺即将降临:这个年轻女人,住在外省城镇,感到生活无聊,又有些傻气,最期望的便是娱乐消遣。她显然不是对油漆匠感兴趣,而是对米萨伊尔。无怪乎诚挚的米萨伊尔感到自己的叙述不太有力。

"民族志"(ethnography)这个词,和"人类学"(anthropology)一样,是19世纪随着社会科学的发展而出现的概念。词根"ethno"源于 *ethnos*,指共享相同生活方式的人类群体;"graphy"则与铭刻、写作的行为相关。民族志的最初目的是提供对他者具备文化独特性的生活方式的详尽记录,这已被总结成一个著名的术语——"写文化"(writing culture)。但旅行家、传教士和殖民地官员也一直在进行关于异文化的写作和记录。民族志从它孕育之初就夹在两种相反的冲动之间:一端是要提供用特殊方法收集,且经过理论处理的经验观察,另一端是要用色彩斑斓的故事激起读者的想象。民族志试图呈现特定环境背景下的生活,而与它相关的另一种实践,人种志/民族学(ethnology),则是要把特定的生活置于比较性框架中,跨语境地使概念得以理论化。（上文引用的那一段还有个更早的英译版本：米萨伊尔"像一位人种学者那样谈话，庄严而乏味"。）

安东·契诃夫熟悉民族志，至少一部分是因为他为自己的非虚构作品《萨哈林旅行记》作了背景研究。他于1890年前往萨哈林岛，在那之前他已经在打望民族志的这两副面孔——他形容自己的萨哈林之旅具有"既是科学的，也是文学的目标"。我会在本书第二章（"地点"）中更多讨论《萨哈林旅行记》的民族志性质，此刻，我想停下来先谈谈米萨伊尔·波洛兹涅夫的观点——当自己严肃而乏味地描述一种生活方式时，听起来就好像一位民族志学者。当然，民族志可以用无趣、绵密、曲折费解的方式书写。但自19世纪以来，也有一些民族志学者以生动有趣、引人入胜的方式写作。尽管在不同国家和机构里，民族志的核心目标和共同认可的边界并不相同，但每一代民族志写作者中都产生过——并将继续产生——好些相当杰出的文体家和讲故事的人。

在人类学的历史中，文学色彩浓厚的那些民族志并非始终被所有人喜爱。有时这类作品受到好评，有时则未必。但偶尔也有更广泛的大众读者接触到这些作品，它们还常常被用于人类学入门课程的教学，吸引本科生的注意力。在后面的篇章中，我会以这些更具文学性、人文主义和女性主义色彩的作品为例，寻找民族志艺术的表达。我也会提到一些在严格意义上未必属于民族志的书，或者一些表面上看不出与人类学有明显关联的书，但我认为，这些作品因其有能力生动再现共同处境中作为复数的人而具有深刻的民族志性质。我试图超越"民族志"体裁的严格排外性，让写作者能受益于"具有民族志性质"的其他形式的写作。

多数时候我选引非虚构作品，不过本书也因契诃夫而受益于小说。譬如，《我的一生》虽然在形式上绝非民族志，但故事充满了对19世纪晚期俄国社会的民族志式的洞察。即便米萨伊尔感到未能向一位漂亮女人提供关于自己的工种的有趣描述，契诃夫笔下这个**关于**米萨伊尔的故事也展示了亚麻油、漆、松节油的日常使用方式；男性油漆匠们在一起刷铁轨、城镇俱乐部和气氛独特的墓园教堂时都在聊些什么；工人与顾客的关系中工人自降自贬的仪式性礼节以及双方的互不信任。在整个故事中，米萨伊尔的社会地位改变后，他以一种目瞪口呆的困惑注视着他从前不了解的、新鲜的社会世界。跟随米萨伊尔的艰辛旅途，读者能了解到贵族对农民和劳工生活的那种罗曼蒂克的狂热迷恋，以及阶级结构、社会不平等、性别关系、知识风潮、小城镇里的乐观主义等许多问题。米萨伊尔没有真的动手记笔记，但他总是留心他人在说什么、做什么，并试图弄清楚其意义。就像特写镜头一般，他先是钻研城镇工人生活的纹理和节奏，而后又观察村庄中农民的生活；同时，他也不得不修正自己对那些他原本以为已经了解的上层阶级人士的认识。这种一边尝试去把握新奇或陌生的生活、一边重新评估熟悉的生活的双重运动，正是民族志实践的核心。

在本章中，我将提供几项写作练习，意在令后面几章中更短小的写作练习更有成效。我也会介绍一些相当基本的写作工具，它们来自民族志与创造性非虚构作品的综合。我母亲曾读过这一章的草稿，当时她拿着铅笔，抬起了头："这不仅是让人们写下去的问题。我认识的很多人在继续写这一点上没有任何问题。我想知道的更重要的问题是，你是否清楚该怎样帮助人们把头脑中的各种小片段真正组合在一起？"

清点材料

你的工作框架或许是一个经过精心设计的研究项目，那意味着你有收集数据的系统方法、预设了特定的研究问题，并参与到学科对话之中。如果研究是一个正式的民族志研究项目，其目的在于发表，那还需要满足大学和资助机构要求的以人类为对象的研究项目涉及的一系列规范和协议，并熟悉相关文献。也有可能你考虑写一部创造性非虚构作品，以个人记忆和观察为材料来源，在明确的学术研究框架或学术机构之外工作，对你的作品感兴趣的读者也并不属于特定的学科建制。无论你决定怎样利用你的原材料，你始终要在脑海中牢记你的目标读者群：在某个时刻，你可能需要为你的选择而作出写作上的调整与让步。

在你于本书陪伴下开始写作之前，我建议你先清点你希望利用的原材料。找出你以前涂涂写写的片段和作品吧，无论是日记、信件、电子邮件、博客、完整的作品、申请资助的研究计划草案，还是正式的田野笔记。也要收集非文字性材料，包括照片、视频、录音、音乐。分类和处理这些原材料或部分加工过的材料的过程本身，会让你以新鲜的方式重新与它们联结。安排好这些后，当你需要它们时就知道它们身在何处了："成堆材料变文档"，我的一位朋友这样说。而如果你已经仔细整理过文件，那就重读一遍，让自己熟知材料的范围。

当你使用这本书，在"提示"的帮助下尝试自由写作，或者基于每章末尾的练习写出更精练、成熟的两页纸的作品，请记得在整个过程中不断自问：我希望这一切最终构成什么？我想采用的是什么形式？如果在机构背景下写作，你可能需要使用某种给定的文体：学期论文、会议论文、毕业论文、期刊文章、学术著作。根据直接受众的不同，你也许有能力令某种文体获得新生，或者颠覆它，不过别忘了你需要满足某些期待；在必要时，考虑引用学科内部的先例来保护你的创举。或许你采用的形式能从你正在试图描述的对象人群所给予你的材料中产生：你可以应用他们使用的核心隐喻和组织原则。你或许可以与你的写作对象合作，共同创造一种能同时满足你的目标和他们的期待的文体。基于你的最终目的，你的作品可能会更多由故事驱动，或是更多由理论驱动；更广阔的语境和观念或许隐而不发，又或许，你明确地将它们纳入研究路径或论证中，并给出引用来源和参考文献。西奥多·瑞斯·切尼（Theodore Rees Cheney）写过一本绝妙的书，将小说技巧引入非虚构写作之中。他是这样说的："创造性非虚构写作为读者提供信息的方式是令阅读体验生动、在情感上引人入胜、阅读过程令人愉悦，但是，同时忠于事实。"民族志确实可以生动、在情感上引人入胜、令人愉悦，但如果你在传统的学科规范下写作，它也必须具备清楚的论证过程，在知识上有说服力，在理论上有洞察力。

那么，以下就是我第一次以"提示"激发你的自由写作。我提供的指导旨在帮助你开始，让你的语言开始活动；然后，就向下写吧。先别担心自己写得不好，稍后你可以重读、清晰化、重新安排材料顺序。本章的自由写作练习题目尤为宽泛、开放，因此我会给出对练习时间长度的建议。到本书后续章节中，则请你自己安排时间。如果你读到这些练习时感到不大理解，没关系，你大可以写下这种模糊的首句——"我还不太确定"，或者"关于……的一些事"——只要继续写下去就可以。看看字词的流动将把你带向哪里。当我为漫无边际的想法、感受、画面找到书面字词并赋以形式时，我通常能了解到我此前没有清晰意识到的内容。

▷ **以"我最希望写的是……"开头，连续不断写至少 5 分钟。**

　　好，现在回顾你刚刚写的。有可能它会很笼统。在不同时期，当我向自己描述本书的写作意图时，我写过好几种开头，例如：（我最希望写的是）"一本关于民族志写作的书，充满有启发性的例子和实用练习"，或者"一本谈写作的书，同时还向读者介绍契诃夫的作品"，甚至"一本有用的书，即便不那么完整"。这些句子毫无光彩照人之处，但在一次次设想写作意图的过程中，这些语句会成为指南针，让取舍与方向更加清晰。

　　下面，请你开始关注细节：

▷ **快速写下当你为构想这个写作项目而搜寻材料时脑海中出现的几幅画面。持续写至少 5 分钟。**

　　我回忆那些启发了本书的写作课程与工作坊时，脑海中曾出现一幅画面，以下是对它未经打磨的描写："参与者正在倾听彼此的评价，脸上浮现出全神贯注的表情，桌子摆成方形，氛围高度专注，光线从房间一侧的窗户中射下来，我正在倾听、记笔记，因为要充分在场而焦虑紧张，同时思考着稍后该如何将讨论推进到下一步……对……"转向这种由诸多具体细节构成的画面能帮助你踏实地立足于这个写作项目活生生的语境之中。（反过来，如果你是从具体细节开始的，就转而去思考关乎你想写的内容的最大、最具概括性的问题。）

同时，开始尝试想象读者会如何接受你的作品。我经常会想到 J. D. 塞林格笔下的人物西摩·格拉斯写给弟弟巴迪的一封信。巴迪想成为作家，西摩则提醒巴迪他早已经是一名读者了，并建议弟弟先坐着别动，问问自己**最想读的是什么**，然后就那样去写。试一下。想象你写出的成品，再拉开距离假想倘若你是一位读者，会最欣赏其中的哪些部分。

▷ 以"我最想读的是……"开始，至少写 2 分钟。

尝试这个视角后，我立刻意识到我想要的是"一本短小精悍、直奔主题、充满活力的书"。在不同时刻，你对自己写作项目的概括方式可能相当不同。在做本书各项具体练习时，你可以不断返回这个关于写作最终意图的大问题，重新得出答案，那将很有帮助。

初步印象

　　回忆你对某个问题产生关注的旅程最初是如何开始的，这也是一种启动写作的方式。开始写这本书时，我再次回想是什么激励我走上民族志写作的道路。我迅速列出了以下内容，在反思民族志体裁的同时，以之向诸位导师致敬。

　　大学一年级，我开始认真阅读民族志。在那之前，我曾粗翻过流行的人类学平装本读物，但真正仔细地阅读一系列民族志，是从我参加欧文·戈德曼教授（Irving Goldman）的研讨课开始的。戈德曼先生（我们这样叫他）有一种宁静中蕴含着力量的教学风格，引导我们细读民族志，在其中寻找文化细节。当时，重点不在于一本书所论证的具体观点，而在于学会如何从观察到的细节以及当地人对这些细节的本土理解中总结出新的模式和关联。当时我尚无成为人类学家的打算，但文化人类学强有力地帮助我理解了自己生活背景中多元文化的影响。我在印度孟买长大，母亲是美国人，父亲是印度人。随后，我开始参加创意写作工作坊课程，探寻这种背景的各个方面，尤其吸引我的是写作课教师格蕾丝·佩利（Grace Paley）那种口语化、毫无雕饰的风格。

大学最后一年，我开始思考民族志和写作的关联。我选修了第二门人类学课程，教授是布莱德·肖尔（Bradd Shore），他极富启发性，具有人格魅力，以至于我对于申请研究生院的模糊计划围绕着人类学专业逐渐确定下来。在学期中，布莱德·肖尔曾让我们阅读《文化的解释》[1]一书中的两篇文章，作者是著名人类学家兼文化批评家克利福德·格尔茨。格尔茨的看法深深吸引了我，他认为民族志不仅是一种记录不同生活方式的工具，也是一种独特的写作形式。在与《文化的解释》一书同题的主题文章中，格尔茨将民族志形容为一种"深描"的形式。他借用了来自哲学家吉尔伯特·赖尔（Gilbert Ryle）的例子解释，"深描"不只告诉你某人的眼皮适才抽动了一下，还会说明这种动作是无意识的眼皮抽动，特意挤

---

1 中文译本见《文化的解释》，克利福德·格尔茨著，韩莉译，译林出版社，2014年。

眼示意的眨眼，对挤眼的恶作剧式的模仿，模仿
眨眼前的练习排演，还是故意在假装眨眼。深描
在近距离仔细观察到的细节中透视意义。当我们
不完全熟悉人们行为背后的假设时，深描使人类
行为更容易理解。

读研究生时，我第一次思考民族志与讲故事
的策略之间的关系。当时民俗学家阿兰·邓迪斯
慷慨地担任了我的研究生导师，在他的课堂上，
我学会思考故事如何传递个人意义和文化意义，
讲述故事又会带来哪些社会后果。与此同时，访
问教授保琳·科伦达（Pauline Kolenda）引导我
进入民族志学者开创的诸多将南亚地区理论化的
路径之中。研究生第二年，我每周都前往斯坦福
大学，朝圣般地参加文化人类学家罗纳多·罗萨
尔多的"故事与文化"课。这门课把我对记录、
理解口头叙事的兴趣拓展到对所有叙事类型的关
注——也包括学者写作的叙事，我希望理解各种
各样的叙事如何能有助于社会分析。罗萨尔多的
著作《文化与真理：重建社会分析》（*Culture
and Truth: The Remaking of Social Analysis*）以更
长篇幅、更细致的方式讨论了这个问题。不过，
让我先分享我从那门课中学到的极有价值的两个
要点：第一，故事具有初步的分析性；第二，随

着理性论证的推进，分析也会具有叙事形式。

▷ 勾勒出你进入你的写作项目的最初几步，要提到具体的人或观念。(5 分钟)

初步印象能塑造长期取向，当然，取向也能得到修正和提升。重读格尔茨的文章《深描：迈向文化的阐释理论》时，我也会纳闷：如果我们作为某种文化的局内人，为其他也了解这种文化的人写作，那么，如何能写出不带有过于明显的阐释的"深描"，还能够令熟悉的世界作为崭新、奇特、不寻常的世界呈现呢？当读者愈来愈多样化，其中也包括我们所写的对象或其近亲时，如何能使作品对他们也具备意义？使一位读者困惑难解的段落，对另一位处在不同位置的读者而言，可能就是生动有效的细节，不再需要什么额外的阐释，就能够说明重要的社会特殊性。我相信，如果激发出叙事的动能，就能够在以明确的诠释"加深描绘"之外，通过跟进不同参与者（包括作者在内）行为的后果以及理解上的变化，达到深描的目的。

在同一篇文章中，格尔茨还将民族志作品描述为："虚构的产物，是说它们是'某种被制造出来的事物'，是'某种被捏成形的东西'——即'fiction'一词的原意——而不是说它们是假的、非真实的，或者仅仅是'仿佛式的'（as-if）思想实验。"[1] 数年后，他重申了以上观点，即民族志是经过精心加工的"再现"（representation），它与虚构作品相像，但并非是虚构而成的："富有想象力地描写在真实之地生活的真实的人，这种对于事实的描绘（faction）[2]在机灵的造词外究竟还具备什么含义，还并不清晰。但是，如果人类学仍希望自身能继续在当代文化中构成一种知识性的力量，就必须面对这一问题。"格尔茨所说的"faction"显然是一种创造性非虚构写作。这让我可以转向创造性非虚构写作者业已创造的那些讲故事的积木元件。

场景、概要、事件

创造性非虚构作品的写作者会区分生动的、

1　《文化的解释》，第 13 页。

2　格尔茨以词语游戏的方式使用"faction"一词（原意为内讧、宗派分立），与字形相近的"fiction"（虚构）作比较。"faction"可以理解为基于事实的虚构、对于事实的描绘。

感官性的**场景**（scenes，以细节、描述、对话使之丰满），以及更全面、更具概括性的**概要**（summaries）。诗人兼回忆录作家朱迪思·巴林顿（Judith Barrington）用电影术语表达了二者的差异。她说，场景如同"特写镜头，穿过厨房窗户向前推移，落在餐桌前正谈话的两个人物身上，先向上推到第一个说话者脸上，离得极其之近，再转到第二个人物脸上，同时观众能够听到镜头里的人说话的声音"。而概要则是"远景镜头……逐渐后退拉到极长距离外，先看到整栋房子，再看到房屋所在的街道，继而是街区，又转为航拍镜头，容纳整个城市以及它周边的山川"。也就是说，概要把某个场景放置在更广阔的时空框架中，并压缩叙事行动。把概要和场景结合使用，场景就能使概要生动起来，概要则能连缀起不同的场景。

格尔茨的《深层游戏：关于巴厘岛斗鸡的记述》是我大学时读到的他的第二篇论文。在开头段落，他完美展示了概要与场景之间的往返运动。这篇文章从作者到达巴厘岛开始：

1958 年 4 月上旬，我和妻子在身患疟疾、缺少自信的状态下到达一个巴厘人的村庄。我们试图作为人类学家在那里从事研究。那是一个很小的地方，有大约五百人，地处相对偏远，自成一个世界。我们是闯入者，是专职的入侵者，村民们视我们如他们一贯对待不属于他们的生活部分而又把自己强加于他们的人一样：仿佛我们并不在那儿。对他们来说，在一定程度上也对我们自身而言，我们是不存在的人，是幽灵，是看不见的人。[1]

　　接下来的两页继续带领读者进入一个不熟悉的环境，我们看到格尔茨夫妇在当地安顿下来，但仍属于"非人"状态。之后，大约十天后，他们听说在公共广场会有一场斗鸡。格尔茨补充了更多的背景知识，解释斗鸡在巴厘是非法的，因此通常在隐蔽处举行。然后他切换到一个场景，如今，这个场景已经深深地嵌在大多数文化人类学家的想象之中：

　　在第三轮比赛进行得正酣之际，有几百人，当然包括我本人和我妻子，围着斗鸡的场地形成了一个带有超有机体意味的人团，就在这时，一

---

1 《文化的解释》，第484页。

辆满载用机枪武装的警察的卡车咆哮而入。在人们发出的"pulisi! pulisi!"[1]的尖叫声中,警察们跳下车冲进赛场中间,并开始来回挥舞他们的枪,就像电影中的匪徒那样,尽管并不真的开火。那个超机体的人团立刻像它组合时那样向四面八方散去。人们沿着道路跑开,消失在墙壁后面,从平台下面爬过,蜷伏在柳条篱笆后面,或者急忙爬上椰子树。带着锋利得足以割断手指或在脚上戳个洞的钢质距铁的公鸡则发疯似的四处乱跑,一切都陷于混乱恐慌之中。[2]

格尔茨先是建立了这个混乱的场景,又将自己及妻子希尔德雷德放置于行动中。他们加入了奔跑的人群,尽管人们跑去的方向和格尔茨夫妇居住的地方是反方向。稻田开阔,无挡无遮,前方的男人拐进一个院子,他们也跟了上去。那人的妻子立即摆好桌子,端上茶。警察到来时,主人坚持声称他们一直都在喝茶,对斗鸡一无所知,而格尔茨夫妇严肃地配合这些说辞。

从这一场景开始,叙事蓄积了"概要"的动

1　即当地人对"警察"(police)一词的发音。
2　《文化的解释》,第 487 页。"钢质距铁"指斗鸡脚踝上绑着的武器,锋利的钢刺。

力，立刻跳到了第二天，两位人类学家发现，如今村民非常欢迎他们，一再要求他们没完没了地从自己的角度讲述前一天发生的事。之后，格尔茨在叙事中后撤，给出视角更为宏大的概要："在巴厘岛，被取笑就意味着被接受……"[1]，并继续描述他最终如何与当地人建立了友好和睦的关系。再之后，他开始概略地讲述斗鸡是一种怎样的文化实践，而那个戏剧化事件中的一幕幕仍然栩栩如生。

格尔茨的这个场景象征着田野调查的转折点。"转折点"也是西奥多·瑞斯·切尼建议创造性非虚构写作者寻找的第一类有戏剧潜力的场景。以下是他列出的场景清单：

转折点	摊牌	争论
记忆闪回	灾难	艰辛
成功	失败	人生变局
开端	诞生	死亡

识别出这样的场景，就意味着开始收集故事的积木元件。

---

1 《文化的解释》，第 489 页。

▷ 写一个场景——可以是切尼所列清单中的任何一项。以"我特别想向你讲述的一个转折点（或摊牌、争论、记忆闪回等）是……"开始，写 10 分钟，完成一份草稿，随后再润色。

　　既然你已经开始写这个场景，我建议，请使用以下两种方式修改或扩展这段文字。第一，暂停一下，思考你所选择的讲述风格：哪种视角？哪种语调？雷蒙·格诺的《风格练习》[1]是一个有趣的例子，它用多种不同方式讲述同一个场景。格诺是法国小说家、出版人、哲学家兼数学家，他的这本书讲述（并用不同的方式重述）了两场与同一个陌生人的邂逅：这人脖子很长，戴一顶滑稽的帽子，第一次相遇发生在巴黎的一辆公交车上，另一次是在同一天晚些时候，在火车站附近。格诺的英文译者，芭芭拉·赖特，如此引用他在采访中说的话："我从一个真实事件开始，首先，我用 12 种不同的方式讲述了它。一年后我又写了另外 12 种，最终就有了 99 种。"格诺

1　中译本可参见《风格练习》，雷蒙·格诺著，袁筱一译，人民文学出版社，2018 年。

穿梭于不同形式之间，他在摆弄各种文体、语调、视角、修辞隐喻时显然找到了无穷乐趣。只要浏览这些"练习"中的几项，我们就能提醒自己，去写作就意味着要从无穷多样的形式中作出选择。社会学家霍华德·S. 贝克尔在《讲述社会》（*Telling About Society*）一书中指出，描述社会生活时，专家（例如民族志写作者）、艺术家、普通人各有许多不同的形式。受你的选择或学术规范的限制，你也许只能使用某一种特定形式，但仍旧可以让自己短暂地把玩多种形式，至少可以试试用一种截然不同的方式去重新讲述某个场景。

▷ 考虑一下，在书面形式之外，你还可能用哪些媒介去表现你选择的这个场景？之后再回到文字，考虑能用于传达这个场景的不同方式。换一个叙述者的视角去写，或换种文体——譬如诗歌、歌曲、戏剧、个人随笔、短篇小说。用 10 分钟做这个练习，开启一段意外的旅程。

　　第二，重读你最初写下的场景。思考一下，读者需要知道什么才能理解你描述的那些细节内部及背后的意义。你需要怎样归纳、传达大背景？

文化分析者会从"事件"（events）和"语境"（contexts）的角度，来理解场景与概要之间的转换。要注意的是，语境既不是先定的，也并非中性的：事件能有其独特含义，恰恰是由于写作者会选择强调语境中某些特定的方面。格尔茨描述警察打断一场斗鸡活动，是为了说明自己在当地建立融洽关系的过程，并向读者介绍斗鸡作为一种巴厘式的文化的解释的重要性。而如果他把警察的到达与人群的散去放置在 20 世纪 60 年代早期印度尼西亚的国家暴力这一更广阔的语境中去理解，该事件的含义就会完全不同。

充当事件上下文的语境，有时可以是更大的历史进程。例如，另一位重要的人类学家萨莉·福克·摩尔（Sally Falk Moore）认为，民族志展示的应当是"地方性事件及地方性评论如何能够与差异极大的各种时间与空间维度下同时展开的一系列进程联系起来"。她区分了"前景关注"（foreground preoccupations），也就是人们自身对事件的理解，以及"背景条件"（background conditions），即围绕事件、影响事件的条件。

▷ 重新回顾你写下的场景。用 5 分钟完成一个
　列表：对于你描述的这些人，什么属于"前
　景关注"？又有哪些过程在更大范围内展开，
　属于这一场景的"背景条件"？

处境、故事、理论

　　创造性非虚构作品和民族志，这两种文类都
融合了故事与观念。不过，创造性非虚构作品一
般更强调"讲故事"，传统的学术民族志则更严
密地遵守"引用"和"论证"的学术写作规范，
让观念而非故事活灵活现。在这两条道路之间，
还有无限可能。

　　什么构成一个好故事？这个问题的答案，当
然会依趣味（既包括个人趣味，也包括文化性趣
味）而变化。不过，我通常会考虑以下两方面：
有趣的人物，以及在意识或者权力关系层面上的
转变。矛盾与冲突能够从内部或外部带来转变。
无须按照时间顺序讲述故事，也无须尽述故事的
全部细节；省略的部分、留待后面再讲述的部
分，或许和讲出的部分一样重要。你可以选择核
心场景，调换其顺序：可以倒叙，也可以旁逸斜

出地讲述，或者跳过一段时间。你可以不透露故事的走向或者结局，从而制造悬念。

我从回忆录作家薇薇安·戈尔尼克（Vivian Gornick）那里学到了一个有用的方法来区分"处境"（situation）和"故事"（story）。她说："处境指的是背景或环境，有时也指情节；故事是令作者想要写这部作品的那些情感体验——洞察、见识、想谈的那些事。"把这种区分应用于民族志，我们可以说，**处境**包括田野调查选择的地点、不同个体所处的环境、所处的历史时刻与社会性的时刻，甚至包括关于这项研究主题的主流理论。而**故事**则关乎身体、情感、心智方面的各种转变，无论是来自民族志写作者的亲身经历，还是来自对其他人的观察。

在《西太平洋的航海者》的开头，马林诺夫斯基给出了他对于田野工作和民族志的宣言。他让读者"想象一下，你突然被抛置在靠近土著村落的一片热带海滩上，孑然一身，全部器材堆在四周，而带你来的小艇已是孤帆远影"[1]。在研究生院，当我开始读这本厚厚的书时，我看到了海

---

1 《西太平洋的航海者》，马凌诺斯基著，梁永佳、李绍明译，华夏出版社，2002年，第3页。

浪拍岸，椰树叶在空中摇荡，附近的村庄逐渐露出轮廓，而一只小艇正在大海与天空相接处那炫目的强光中一点点地离我远去。马林诺夫斯基是在向读者展示一名田野工作者置身其中的有趣处境，借此，他暗示读者将进入一个不寻常的故事。很多被广泛阅读的民族志也是如此，开始于作者自身进入完全陌生的处境的那一刻，给读者以"接下来将会有故事发生"的预期。

当我区分"处境"与"故事"时，我回想起我的朋友拉莎在阅读我关于自己家族的回忆录《我的家人与其他圣徒》初稿时说的话。拉莎与我一起长大，如今是一位产品设计师，我原本就知道她能够丰富我的视角，但未曾想到她那双设计师的眼睛将会为我的作品带来这样的助益——她说："我觉得你摊开了所有材料，你现在需要考虑的是关于**设计**的问题。之后你才会知道，你需要使用哪些材料，哪些则不必要。"在那个瞬间，我突然意识到，初稿的前半部分毫无必要，都是我可以概述的背景信息。我真正想讲的故事在于后半部分，围绕我哥哥的精神探索以及他的灵魂之旅怎样影响了全家人。我重新开始写，作了更讲究的叙事设计，从原本处在书稿中途的时间点开始写，再作扩展。

下面是一个练习，帮你识别在你的材料所涉及的处境中，究竟可以包括什么样的一个或几个故事。

▷ **分行总结你想写的"处境"，每一行分别总结其时间、地点、个体所处的环境，以及对理解这一处境有帮助的探索。逐一列出在以上这些类别中会发生的戏剧性变化，以此识别出不可尽数的经验中最醒目的故事。**（15分钟）

如果你觉得仿佛在森林里迷了路，想不出核心的故事是什么，别担心。故事通常像小树丛一样成群生长，有些会隐没在其他故事的阴影下。巨大的树木直耸入云，我们看不到树梢，故事也一样，具有巨大情感力量的故事或许位于我们视野之外。有时，等你完成好几个版本的草稿后，最为宽广、对你的主题切入最深的那一个或几个故事才会逐渐浮现，让你感知到其力量。

要注意思考你选择的故事，是主要涉及你自己的经历，还是他人的经历。民族志写作者知道，他人分享的故事是无价之宝，你能从中学习，并以此写作。马林诺夫斯基给出过著名的告诫——民族志写作者一定要找到"土著人的观点"[1]。很多人引用他的话时就止于此，但后续段落同样值得铭记："我们必须考察人，研究与他密切相关的东西，研究生活给予他的立场。"马林诺夫斯基认为，我们需要知晓人们那些"赖以生存的情感和追求幸福的愿望"。要了解他人情感的对象和幸福的内容，也就意味着我们要超越自身，去尝试了解从其他人的角度看世界是什么模样。这在任何状态下都是一种对同情心的挑战，而当你在与不同于自己的人（无论是近邻还是远方的陌生人）打交道时，情况就更加复杂。与他人共同生活一段时间能提升你理解他人视角、感受、故事的可能性。参与这些日常生活里的故事，再将这种参与转化为人类学家利拉·阿布－卢霍德所说的"记录'特殊'的民族志"（ethnographies of the particular），就能避免过于概略的文化解释，同时还能获得挑战现存主流理论的潜力。

他人怎样看待他们自己的故事？你从中能分辨出什么？常见的时间表达（譬如"很久很久以前"）、故事主题，以及故事通常被讲述的情境，这些都能揭示出故事的类型。

---

1 《西太平洋的航海者》，第 18 页。

▷ 你从他人那里收集到了什么样的故事？用 10
  分钟，分三行描述这些故事，一行写其形式
  （它的轮廓是什么样的？），一行写其主题（它
  是关于什么的？），一行描述其背景（这个故
  事是在什么场景下被讲述的？）。

基于我自己对口头叙事的研究，我意识到，
我布置的这些练习能扩展成专著长度的写作项
目，尤其是如果你把故事全文逐字记录下来。你
选的故事要与你探索的更大的主题相互关联。斯
瓦米吉是一位上了年纪的印度圣徒，也是我博士
论文和第一本著作的中心人物。他曾经用一种特
别的方式将故事与处境相联系：

在讲故事前，你应该先观察你所在的处境，
这样结果才会好。万万不能在随意的时刻，随意
讲出任意一个故事。得根据你讲故事的时刻去塑
造故事。每次讲故事，都是为了某个目标。

你是出于什么目标，才选择某个特定的故
事？你可能决定通过这个故事去"呈现"某种洞
见，而不是直陈看法。你可能想用日常的、非理
论化的语言，去解释你要重新讲述这个故事的原

因。很有用的一种方法是，从你试图描述的那些人会如何评价你所写的这些概念开始——他们的视角与专家讨论这些问题的方式有哪些不同？（例如，契诃夫笔下的人物米萨伊尔发现，那些认为工作是"被迫且不可避免"的劳动者并不会去辩论所谓"劳动的道德意义"，甚至不会在谈话中使用"劳动"这样的词。）

正如人类学家玛丽琳·斯特拉森指出的那样，对民族志学者而言，"问题不只是如何简单地使场景栩栩如生，而在于如何让观念具有生命力"。是观念引导着你的作品，而观念来自先前的对话。如果你正在使用专业的理论语言构建一个明确的论证，我会假设你已经确定好了概念范畴，并且在借助概念指导自己作出具体选择，去描写特定的场景、概要、处境、故事。倘若并非如此，就去看看与你在相似领域内工作的其他研究者是怎么写的。

▷ 采用对话形式，勾勒出几位影响你的研究的关键作者的观点。第一段对话中的作者应与你研究的地理区域相同，并对你有所启发，而第二段对话中的作者则在理论方面影响了你。用 15 分钟完成本练习，在两段对话中都

要注重表现出语调特色和明显的转折点。

你能在这些对话中找到一个空隙，让你的声音加入吗？使用"是，并且……"，或者"但是，我的材料却说明……"，或者"如果你换种方式看待这个问题，那么……"，又或是"你有没有注意到……？"来加入对话。你的研究能为现有的讨论提供哪些新洞见，或者增加哪些有意义的视角？

▷ 这一次，不以人物为主去写那几位与你共享理论关怀的研究者，而是从他们各自提出或使用的关键概念出发。用 10 分钟，自由写作，阐明你希望如何参与到理论探讨中并修正那些概念。从"我认为，……"开始。

以契诃夫为民族志"缪斯"

2009 年年初，几页《萨哈林旅行记》的复印件降临在我的大学信箱，夹在院系发来的信件、出版社寄来的图书目录和学校活动公告中。当时我正在教一门关于民族志写作的研究生研讨课，因此，我的朋友兼同事弗兰克·所罗门为我复印了这几页。我并没有立即读，但我读到这数张书页的那一刻，就立刻想要找到整本书。读过全书后，我对契诃夫的作品全貌和他的生活非常感兴趣。当时我已经在准备写这本书，遭遇契诃夫之后，我在阅读中感受到的潜力与愉悦重塑了我对本书每一章节的计划。

　　我也许永远都不可能充分阐明为什么契诃夫这样强烈地影响了我的想象力，但我想，他至少在三方面能够为民族志学者或受民族志影响的写作者带来启迪。第一，他展示了一位民族志学者在不同社会位置之间迁移活动的能力。他的作品综合了多种社会视角、地点、生活世界，其广泛程度令人叹为观止。第二，他是将多种职业身份兼容于一身的典范，为自己那种创造的热望找到了许多出口。他是医生，又是以多种文体写作的作家，这让那些既是学者又渴望用其他声音写作的人充满希望，也能激励那些想要带着民族志的洞察去从事社会行动的人。第三，或许正是由于他具有多种社会视角，又在几种文体间灵活游走，契诃夫对待"再现"问题的思考充分而尖锐，甚至会令人捧腹大笑。下面，我会结合以上三点，简短地回顾他的生平（他的生涯中，有些细节与他在《我的一生》中描写的人物米萨伊尔不无相似）。

安东·巴甫洛维奇·契诃夫（家人和朋友叫他"安托沙"）生于 1860 年，家乡在塔甘罗格，那是亚速海边的一个港口城市，通过海峡与南侧的黑海相连。他的父母都是农奴的孩子，通过用积攒下来的钱赎身获得了自由，因此，契诃夫与农民的生活是紧密联结的。契诃夫 16 岁时，他经营小商店的父亲因破产而前往莫斯科，整个家庭都随父亲去往那个遥远的城市，唯独契诃夫留在家乡，在旧光景的废墟上独自完成学业。之后他获得了一笔奖学金，得以去莫斯科学医，与家人团聚，也开始了从"外省少年"到"见多识广的城市知识分子"的转变。这个 19 岁的年轻人用奖学金让父母和兄弟姊妹的生活能过得好一点，他还设法进一步提高收入，途径是为杂志报刊写滑稽短文——速写、卡通漫画的配文、评论、短篇小说……什么能卖出去，就写什么。他作为医生的本职工作让他近距离了解到背景各异的患者的生活，而随着文学地位的提高，他与来自俄国社会各个阶层、各个角落的仰慕者都有所接触。

或许正是这种对截然不同的多种社会位置与

视角的了解，让契诃夫很警惕固定标签。他既是生活的参与者，又是观察者。他以一种怀疑的审慎姿态看待其他人视为理所当然的一切。因为他对于任何智识上或政治上单一位置的抵触，批评家难以给他下定义，颇感沮丧。最初他用一系列笔名写作，尤其惯用"安托沙·契洪捷"（Antosha Chekhonte），藏起真名，以备未来医学生涯职业身份之用。26 岁时，他即将出版第一部短篇小说集，直到最后一刻都犹豫不决，考虑是否署上"安托沙·契洪捷"这个名字。最后，是"安东·契诃夫"赢了。不过，即使安东·契诃夫的文学地位不断提高，创作出了更长、更严肃的小说和剧作，安托沙·契洪捷那种讽刺性的语调和对荒谬细节的喜爱就像一杯强劲饮料中的轻盈气泡，总会浮出水面。到 28 岁时，契诃夫已经赢得了作为作家的声誉。他有时会抱怨其他人总想要用固定标签去约束他。在给年长的编辑兼诗人阿·尼·普列谢耶夫的信中（普列谢耶夫曾和陀思妥耶夫斯基一同因参与激进文学活动而被囚禁，在西伯利亚度过了十年光阴），契诃夫陈述了自己的几个核心信念：

　　我认为，招牌和标签都是先入之见。我认为

最神圣的东西是身体、健康、智慧、才能、灵感、爱情和完完全全的自由，是摆脱强力和虚伪的自由，不管后两者是如何表现出来的。如果我是一个大艺术家，这就是我要恪守的纲领。

不过，我说得太多了。祝您健康！

你的，

安·契诃夫[1]

那句假设性的"如果我是一个大艺术家"，以及他那担心行文冗长的谦逊，是我感到契诃夫不仅值得钦佩，还惹人喜爱的原因之一。

契诃夫经常拿来开玩笑的是他肩负的多种使命如何拉扯着他的时间和创造力。他的支持者——也是他长年通信的对象——报纸编辑阿列克谢·苏沃林曾经责备他，说他既是医生，又是作家，这是在"同时追逐两只兔子"。契诃夫回答说，他觉得这样做没什么不对：

当我感到我有两种工作，而不是一种时，我

---

1 《契诃夫书信集》，"致阿·尼·普列谢耶夫，1888 年 10 月 4 日，莫斯科"，第 57 页。

觉得更振奋一些，对自己也更满意一些……医学是我的发妻，而文学是我的情妇。一个使我厌烦的时候，我就在另一个那里宿夜。这虽然是不正派的，但却不那么枯燥，再说她们二者也完全不因我背信弃义而丧失什么。假若我不行医，我也未必会把闲暇时间和思考全都献给文学。我是缺乏纪律性的人。[1]

小说和剧作也展开了竞争："叙事形式是我法律意义上的妻子，而戏剧形式是我那高调、吵闹、厚颜无耻、令人厌烦的情人。"他那部非虚构作品也让这个"家庭"的结构更为复杂了："我正在写我的萨哈林游记。为了让我的家人不至于饿死，我在写作间隙会爱抚我的缪斯，写几篇短篇小说。"契诃夫写下的这些话，我读时感到饶有趣味，但也不免带有一些评判色彩——这些隐喻如何反映出这位英俊的、有魅力的迷人男性对女性的态度？不过在契诃夫的时代，正如我母亲反复提醒我的那样，婚姻意味着值得尊敬的社会责任，而情人则代表着追寻个人的激情。纵

1　《契诃夫书信集》，"致阿·谢·苏沃林，1888 年 9 月 11 日，莫斯科"，第 49—50 页。

观他的一生，看起来契诃夫平衡了他作为"丈夫"和"情人"的角色，同时维持了自己作为医生和多种文体创作者的多重身份，最终与一位他长期享受与其激情关系的女性结婚。

契诃夫也将他的文学与医学的双重身份和社会参与结合起来。即便在他已经不再主要以医学为生后，他也继续行医，为家人和朋友看病，也无偿为农民看病。1890 年，他开始了横跨西伯利亚的艰难旅途，去考察萨哈林岛监狱和流放地的生活条件。1891 年冬天，他协助组织了饥荒救济工作。1892 年，他与其他医生共同对抗饥荒后的霍乱。此外，他为农民建立了数所学校，协助了一次人口普查，还建立了公共图书馆，并提供大量图书。他以这种具备政治意识的方式行动，却并不常作政治发言。但是，1898 年，法国法庭重新开庭，审理犹太军官阿尔弗雷德·德雷福斯的冤案，法国作家爱弥尔·左拉由于捍卫德雷福斯无罪、揭露案件背后的阴谋，被判处诽谤罪。这时，契诃夫正在法国城市尼斯，他极其愤怒。他研究了法庭审判的原始笔录，好让自己对德雷福斯和左拉的支持能更有力度。他强烈谴责俄国新闻报道中的反犹主义论调，尤其是苏沃林手下的那些报纸，而此时，苏沃林还是他的支持者，也是他的密友。数年后，契诃夫还作过另一次公开的政治表态——作家马克西姆·高尔基由于政治观点而不容于科学院，契诃夫本人辞职以示抗议。

取得文学成就后，契诃夫仍经常缺钱。这在一定程度上是因为他经常用礼物和借款来帮助他人：他不仅帮助自己的直系亲属，还帮助朋友，以及他有好感的陌生人。（在遗嘱中，他要求在他的直系亲属去世后，将遗产捐给他的出生地塔甘罗格的公共教育。）他一生中帮助过的许多人给他写过感谢信，在苏维埃时代，尚存的七千多封信由社会经济出版社整理出版。有时从信件中看不出人们感谢他的理由是什么，出版社会添加解释性的说明——这并不是我编造的——例如，"契诃夫借给凯林一笔钱，让他能去科洛姆纳城旅行"。

契诃夫也"借"给了我他的文字，以及更多东西。写下这段对他生平的简短素描时，我想起1898年他在尼斯给一位朋友写的信。当时他已经是卓有声名的作家和剧作家了，值得一幅油画肖像：

　　布拉兹正在画我的肖像。在画室。我坐在一

把有绿色天鹅绒椅背的扶手椅里。面向他。戴着白领带。别人说肖像上我的外表和领带都很逼真，但我和去年一样，那副神态就好像刚猛吸了一口山葵……

　　描写契诃夫时，我经常想知道自己是否同时把握了他的外表和神态。一次又一次，我试图想出一句俏皮话，词语的顺序却乱了套，这时我会想起契诃夫精确的语言如何像医生的手术器械一样闪烁着冷光，连翻译都未曾令其失色。本书引用了契诃夫对非虚构写作的一些看法，如果你想要了解其写作观的全貌，例如他对小说的看法，我强烈推荐皮埃罗·布鲁内罗（Piero Brunello）和莉娜·莱切克（Lena Lenček）2008年出版的著作，《如何像契诃夫那样写作》（*How to Write like Chekhov*）。

　　契诃夫经常受到的批评是，他对于读者能从他的小说中得到的教益太过含糊，也就是说，他拒绝给出明确的结论，也不明言那些潜藏的信念。他给苏沃林写过很多信，在其中一封信里，他区分了以下二者：**"解决问题和正确地提出问题"**。这是他为自己辩护的方式。专家或许专注于解决专门的问题，而艺术家则提出问题："艺

术家进行观察、选择、推测和组合——光是进行
这些活动就要求艺术家在一开始便提出问题，如
果最初不向自己提出问题，那么他就没有什么好
推测、没有什么可选择的了。"[1]

要注意，契诃夫并没有排除某个文本能同时
做到通过"再现"而提问，又通过分析去解答问
题的可能性。实际上，《萨哈林旅行记》就试图
兼容这两点。在他质疑社会的不平等、资本家的
贪婪、工业增长、压迫性的国家政策、对环境的
破坏，以及对人类心灵的复杂性提问的同时，他
也就创造出了小说、剧本和非虚构作品的新形
式。他在笔记本上写下的零散笔记是他未来作品
的仓库，其中有一条是这样写的："新的文学形
式中总会诞生新的生命形态，这就是为什么文学
令那些保守的心灵如此反感和厌恶。"

契诃夫在近四十岁时被诊断出肺结核。在此
之前，他已经长期与不时来袭的咳嗽、咳血、精
神不振以及一系列病症作斗争。或许这些来自健
康的挑战也令他采取冷静的语调，将生命描述为
一种古怪的奇迹。在《我的一生》接近尾声时，

---

1 《契诃夫书信集》，"致阿·谢·苏沃林，1888 年 10 月 27
日，莫斯科"，第 63 页。

玛丽亚·维克托罗芙娜前去参加芝加哥世界博览会，她给米萨伊尔写信，说她订做了一枚戒指，戒指上铭刻着"一切都会过去"的字样。米萨伊尔想，如果他订做这样一枚戒指，他会要求刻上"任何事情都不会过去"。他说："我相信任何一件事都不会不留痕迹就过去，对现在的和将来的生活来说，我们所走的最小的一步路都是有意义的。"而在《无名氏的故事》中，那位假扮成仆役的上流社会人士患上了肺结核，他说："生命只有一次，人希望能活得快乐、有意义、美丽……"马克西姆·高尔基曾回忆，契诃夫躺在沙发上，手里摆弄着体温表，咳嗽略微平息时说道："为了死而活着，本来就很没趣，明知自己不免早死却仍活在世上，那更愚不可及了。"[1]契诃夫在年仅 44 岁时死于肺结核并发症。

很久以来，我感到仿佛受驱使一般，想要了解关于契诃夫的尽可能多的事情。它所产生的意外结果就是你如今面对的这本书。在数页之前，我曾向读者推荐这项练习：写下你希望你的作品承载的核心洞察。在本章的末尾，我鼓励大家做

---

1 《同时代人回忆契诃夫》，谢·尼·戈鲁勃夫等编，倪亮等译，耿海英校，广西师范大学出版社，2016 年，第 535 页。

一项更开放的练习，充分认可你自己的好奇心的价值与力量。无论你的作品主要由故事还是由论证驱动，无论你是在某种文体规范内写作，还是能自由探索新形式，在你对观察所获进行选择、推测和整理时，请思考一下那些激励了你的**根本问题**。把以下练习当成一次表达自己好奇心的机会吧。

▷ 从"我最好奇的是……"开始向下写。持续写 2 分钟。

　　当你继续完成本书中的一系列练习，尤其是感到丧失兴趣时，我建议你定期重访自己好奇心的源泉。如果你觉得自己所表达的未免太过浅显，难以激励自己再写下去，试试提醒自己为什么你一度对这个题目如此好奇，尝试重新告诉自己一遍，也把这一点传达给你的读者。

～～～～～～～～～～～～～～～～～～～～

从故事到理论

　　用 2 页篇幅，叙述一个能戏剧化地呈现你的核心想法或问题的事件。调动起你所有的感官，在你描述事件发展时，尽量使用生动的细节去描绘事件中的人与地点。暂时先不要明示你想阐述的概念，而是展示生活的进程。

从理论到故事

现在，退后一步，点明是哪些更宏大的看法让你如此去写这一"处境"，以及是什么让你认为这一事件值得记述。如果你使用了专业术语，现在，尝试用普通人也能理解的语言去表达。解释这些观念的逻辑（如必要，可引用前人的观点），再去概括这个事件如何作为这一观念的样例而存在。同样使用2页篇幅。

2　地点

　　三十岁的安东·契诃夫乘船抵达萨哈林岛的沙皇监狱两个月后，再次登上"贝加尔号"，自岛屿北面向南端航行。多年来，他一直有办法在喧嚣的社交场中写作。当船长、军官和几位快乐的同行乘客在甲板下谈笑风生时，契诃夫写下一封信寄给他的朋友苏沃林。"我看到了一切，"他说，"所以现在的问题不是我看到了**什么**，而是**我如何**看待它。"

　　我还不知道最终会完成什么，但我已经做了很多事。收集的材料写三篇论文都够用了。我每天早上五点起床，睡得晚，整天都在考虑我还有多少事情要做。现在我已经结束了流放地的生活，我感觉我已经看到了一切，却错过了大象。

民族志写作者能够对契诃夫所处的困境感同身受：身处一个项目的中途，不知道自己收集的材料将会采用什么形式组织起来，也就不能确定自己是否已经做得足够充分。无论你多么努力，仍旧有可能错过一些东西。煞费苦心地记下了具体细节，但是否有可能忽略了更宏观的模式？契诃夫显然在暗指俄罗斯作家伊万·克雷洛夫笔下的一则寓言：一个男人去参观自然历史博物馆，他被一组昆虫标本彻底迷住了，以至于完全忽略了房间里巨大的大象。

但是，契诃夫为什么要从论文的角度考虑他的材料呢？

契诃夫于 1884 年获得医学学位后立即开始职业行医。此后他仍在继续发表短篇小说，1888年，他的第三部短篇小说集赢得了著名的普希金文学奖的奖金的一半。取得了这样的成功，何必还要为论文烦恼？不过，完成一部医学论著的想法多年来一直萦绕在他的脑海中，若能以这种方式证明自己，他也能获得在莫斯科大学讲学所需的资格。苦役犯流放地实际上是他关心的第三个主题——早些时候，他曾考虑写一部关于性别不平等的历史，或是俄罗斯医疗史的书。

沙皇政府将囚犯转移到西伯利亚东部已经至

少有两个世纪了。太平洋海岸线边的萨哈林岛是一块相对较新的领地：俄国人自 1860 年以来就宣称拥有岛屿北部，在 1875 年之后，该岛的南部由日本割让给俄国。自那时起，俄国政府积极开展殖民工程，运送大量的罪犯去此地劳动、定居。契诃夫对萨哈林岛产生兴趣是 1889 年的事，当时他的弟弟米哈伊尔正在复习笔记，准备参加公务员考试，出于偶然，契诃夫读到了一些关于刑法和监狱管理的讲座笔记。

当契诃夫宣布他打算作长达三个月的艰苦旅行，穿越西伯利亚，前往萨哈林岛时，他的家人和朋友都感到困惑不解。在多民族的俄罗斯，这趟旅行可谓从莫斯科出发的最远的旅行了。他为旅行抛出了各种各样的理由，令每个人（包括他最终的传记作者在内）都不免感到困惑。考虑到这场旅行的时间安排，也许我们能读解出更多暗示——哥哥死于肺结核后，契诃夫也许感到痛苦沮丧。在获得巨大的文学成就后，他也许焦躁不安，急于回应那些说他的作品中"缺乏明确社会良知"的批评。戏剧《林妖》的反响不佳刺痛了他，他也想逃离与妹妹那位灰色眼睛的好友丽卡·米齐诺娃的进一步牵绊。1890 年春天，朋友兼编辑苏沃林劝他别去萨哈林，说没有人会对这个地方感兴趣，但契诃夫想到的则是自己最近忽视的医学事业和社会良知。他给苏沃林回信，说他打算"起码写个一两百页，偿还我对医学的负债。你知道，我对医学的态度就像头猪"。他还尖锐地反驳了他保守的朋友那种没有人对流放地感兴趣的说法。契诃夫坚持认为，人就应该对"一个充满无法忍受的痛苦的地点"感兴趣；如果其他公民对此不感兴趣，那么，在道义上该受谴责的可就不仅是监狱看守了。

那年春天，契诃夫仔细阅读他能找到的有关这座岛屿和沙俄监狱系统的一切材料，记笔记，为前往萨哈林岛完成研究做准备。他也读了在俄国被禁的美国记者乔治·基南（George Keenan）撰写的有关西伯利亚的系列文章。（一直尽力支持契诃夫的妹妹玛莎及她的朋友们协助他完成了这项背景研究。）"我整天都在读书和做笔记，"契诃夫给另一位朋友写信说，"在我的脑袋里，在纸上，都只有萨哈林岛。这是一种疯狂。**萨哈林狂热**（Mania Sachalinosa）。"

沉浸在关于某地点的现有作品之中对民族志写作者来说是常事。不过，民族志研究通常意味着在田野地点完成至少一年的调查，契诃夫只在萨哈林岛度过了短暂的夏季的三个月——7月抵达岛屿北部，9 月乘船航行至南部，10 月启程返回，途经中国香港地区和新加坡，前往锡兰，最终到达敖德萨。

三个月里，契诃夫收集了数量惊人的材料。他为每一个定居点进行了数据统计。他打印出一万张卡片，对他得到准许去接触的男人、女人、儿童进行临时人口普查（政府禁止他与政治犯交谈）。他与居住在牢房里、戴着叮当作响的锁链外出服苦役的囚犯交谈。他去找那些获准与家人一起住在监狱外的苦役犯，以及在服完苦役后仍被要求留在岛上的"强制移民"。这些谈话揭示了事实、态度与生命故事。契诃夫还观察了那些监督着这一切的俄国官吏，并与他们交谈。他也与原住民基里亚克人（Gilyak）和爱奴人（Ainu）作了短暂的交流，这些人的生活方式正在被殖民过程残酷改变。

"旅行笔记"是契诃夫最初为他最终创作的作品设计的副标题。但是，凭借他强调科学方法的医学背景以及他的文学技巧，这场冒险已远远超出了旅行书籍的范畴。写下《萨哈林旅行记》的部分目的是作出学术贡献，部分则是为了提醒普通读者去注意萨哈林岛那骇人听闻的情状（这也就使这本书需要寻找能够通过沙皇审查的方式）。尽管他从未将《萨哈林旅行记》称为民族志，但我在其中辨别出了许多具有民族志色彩的分析和描绘：对于人们的生活如何被更宏大的系统所塑造，契诃夫高度警觉；他的耳朵对于不同的语言表达方式和表层内容之外的暗示十分敏感；他的眼睛持续捕捉着生动而有意义的细节。《萨哈林旅行记》是一本颇为厚重的书。如果想要感受它页面上那闪耀的光彩，以及体会它对于当代创造性非虚构作品、民族志等文本的意义，可以去读翻译家皮埃罗·布鲁内罗和莉娜·莱切克在他们的汇编《如何像契诃夫一样写作》中收录的选段。本章中，当我考虑以民族志的方式呈现一个"地点"的多种路径时，也会一再引用《萨哈林旅行记》，并将简短的选段与其他民族志学者的作品交织在一起。

在民族志体裁最初得到确立，成为研究和书写他人生活的一种方式时，"田野"指人类学家的研究场所，即一个在文化上不同的、偏僻的、有界限的地点。随后，关于哪些地点属于田野的观念产生了变化，田野调查的技术和呈现形式也发生了变化。如今，民族志学者在熟悉的地点和巨型都市工作，也在档案馆、市场、公司、实验室、媒体世界、网络空间等处找到了田野。此外，随着全球化力量的增强，地点与地点之间的联结方式也变得更加复杂。田野可以跨越由多个地点构成的网络。在接下来的练习中，你所写的地点可以很远，也可以很近；可以有明确的概念界限，也可以十分辽阔。你所写下的信息可以从个人笔记和记忆中提取，也可以来自其他人的记录。

写作的现场

大多数关于地点的写作都涉及不止一处地点：至少有被描述的地点，以及完成写作的物理地点。要想放松心情、让关于地点的作品更容易开始，下面这个好方法永远适用——仔细观察你写作的那一刻自己周边的事物。比如，尝试写这一章的初稿时，我找不到我的声音，想不出组织笔记的方法，于是我强迫自己环顾四周，开始寻找词语来描述我身处的地方：

阁楼布满尖锐的凸角和暗影，白墙在夏日午后的炎热中显得像纱一样轻薄。椴树即将开花，树上片片绿色和黄色透过低矮的拱形窗折射到南侧的墙面上。从北墙和东墙的窗子能看见天空闪闪发光。其他天窗的帘子都拉上了。我坐在书桌前环顾四望，右手边的空调正奋力为房间降温。在我头顶上方，吊扇正在旋转。炎热终于将我驱赶下楼，使我在笔记本电脑上与这段文字再一次建立联系。此前我描述这个地点时是通过直接观察，如今，我基于记忆中的图像和重新组合的单词组织我的描述。

　　你可能对我的这座阁楼或窗外的椴树不太感兴趣，但它们经常出现在我每天早上试图写的日记里，在一个季节又一个季节中复现。这棵树，连同早升的太阳洒下的轻薄的杏色光线、棱镜折射的七色光，以及几只正在温暖的阁楼中晒太阳的猫的陪伴，总能够将我从沉滞的无言状态中解救出来。我发现让自己置身于写作的那一刻，能让头脑处在一种轻盈的、略有分心的状态中，让人更清醒地关注当下，也使其他问题更为清晰。尝试下面的提示吧：

▷ **用几行字描述你开始写作时所处的地点。**

　　有可能你永远都不会重读这段描述，或与其

他读者分享。或许你正在为未来打算写的地点而做笔记，在这种情况下，这几行字可能会成为你未来的材料。无论结果如何，带着"在场感"去观察周围的事物，这应该能帮助你找到在感知和文字之间建立联系的线索。我发现，这种做法像一种对自己的提醒，让我们意识到所有生命都值得关注，无论是否涉及手头的具体"项目"。（我在课堂上使用过这个提示，给每个人五分钟时间去描述教室。看起来，每个人都乐于了解其他人如何看待熟悉的空间，并且比较作品的过程总会引发关于何为"再现"的讨论。）

写下你周围的事物时，你能立即注意到自己遗漏了多少内容。速写会丢失许多细节，这没什么关系，因为再现必定基于特定时刻的特定视角，会传达出特定的关注和情绪。过多煞费苦心的细节会让读者不知所措，反而无法像粗略描写那样予人直接的感官印象。一位教非虚构写作的朋友告诉我，她曾在课堂上使用这样一个练习：请学生首先根据记忆描述一个地点，再去现场并描述那个地点。她说，无一例外，总是第一次的描述更具生命力，而第二次的描述则淹没在一堆尽职尽责的细节之中。

再次回顾你写的内容。它是否以视觉性细节

为主？视觉总是占据民族志描述的主导地位。有意识地利用全方位的感官能让你更彻底地"唤醒"一个地点。再次回到你此刻写作时所处的地点。

▷ **列出一份让五种感官全部参与其中的清单。尽可能做到具体而精确：图像、气味、声音、味道、质地纹理或触感。**

不止于前往某地

我们想到地点时，会携带许多联想和假设，其中有许多是不假思索地从其他来源获得的。试着拆解你的自然联想，想一想你从哪里得到了它们。细究之后，它们会消失吗？还是你发现它们其实浓缩着一些来自现实生活的洞察？这样做能帮助你定位自己的作品，并且更清楚地了解读者的期待。

16 岁时，我第一次来到美国。当我告诉人们我在哪里长大时，人们的反应常常让我感到困惑。"印度！"有人眼睛发亮地惊呼。"那么，是印度……"有人关切地说。还有一些人意味深长地笑笑，"呵，印度……"在每种情况下，我都会猜测可能是哪些联想引起了这些反应。多年后，研究生期间，我读到了在芝加哥工作的人类学家米尔顿·辛格（Milton Singer）的一篇文章，它帮我将其中一些反应置于西方与印度相遇的几个世纪之中。辛格巧妙地将文章命名为"不止于印度之行"[1]，他描述了历史如何树立了纷繁复杂的多种形象：印度王公那富丽堂皇的，由黄金、锦缎和香料构成的奢靡世界；被贫困、疾病、种姓压迫、女性受压迫等问题缠身的印度；由古代文献、非暴力抵抗、大师、冥想、瑜伽等组成的灵性的印度。正如辛格指出的那样，他人生产的图像能够折叠成一套自我图像。在这篇文章发表后的几十年里，以上早期图像仍然在活跃传播，同时还产生了更多关于印度的新图像——例如那些与社区暴力、原子能、宝莱坞盛景、电话客服中心、蓬勃发展的经济有关的图像。

▷ 列出一些在大众想象中与你计划写的地点相关的图像（譬如人的类别、物体的种类、活动、颜色、气味、味道）。

---

[1] *Passage to More than India*，改写了英国小说家 E. M. 福斯特的名作《印度之行》的标题，意在指出印度在历史叙述中超越了特定地理区域的广阔含义。

地名也能揭示出复杂的跨文化历史。"印度"（India）让人想起波斯语和阿拉伯语中的词语"Hind"或"al-Hind"，即印度河（Indus）之上的土地，以及古希腊对"Indika"的记录。

而契诃夫则了解到，"萨哈林"（Sakhalin）一词源于法国人对 18 世纪早期由中国清朝皇帝敕令绘制的一幅地图的误读。该地图在绘制时借鉴了日本水手绘制的海图。清代地图上有 *Saghalien-Angahata*（蒙古语，"黑河的峭壁"）的字样，意指这座岛屿西面、靠近阿穆尔河口处的那块陆地。在法国，这个词被误认为是这座岛屿本身的名称。此后，欧洲地图大量沿用了这个错误，以之指示这座岛屿。

旅行中，契诃夫十分关注名称问题。他发现，俄罗斯殖民者居然会为萨哈林岛上的定居点命名，"萨哈林的屯落往往都是为纪念西伯利亚的省长、典狱长乃至医生而命名的"[1]，而非重要的早期探险家，于是，契诃夫带着轻微的讽刺意味评论道，这很"有趣"——有些译本译作"这很蹊跷"。定居点的名称由政府部门决定，不过，

契诃夫发现街道则有时由定居者自己来命名，或者干脆就以定居者的名字来命名。例如，有个定居点叫雷科夫斯科耶屯（或雷科沃屯），是因为有位典狱长叫雷科夫，但那里"有一条街道叫作西索夫斯卡娅街，因为这条街道的尽头是女移民西索娃的住房"[1]。

▷ 列出几个对于你的项目有重要意义的地点名称。这些名字如何揭示权力关系？你从中能感知到哪些文化价值？

在《智慧在地方》（*Wisdom Sit in Places*）一书中，人类学家基思·巴索（Keith Basso）描述了美国亚利桑那州怀特山阿帕奇部落的成员如何把地名和关于地点的故事作为道德教义来使用。譬如，"屎荫"（Shades of Shit）这样的地名透露出在这里生活的人很自私，他们不肯分享玉米，因此逐渐衰落了。而"一片片白色岩石向上又向外延伸"讲述的是一个无视祖母告诫的年轻姑娘的故事。有时，提及一个地点的名字就足以暗示它背后的故事；有时，人们仅仅讲述故事梗概；

---

1 《萨哈林旅行记》，第 118 页。

还有些时候，故事会被重新讲述，例如被拉长、带有叙事的华彩。在所有这些情况下，故事的力量都因其在这片土地上的持续存在而加强。

▷ **思考与你的项目相关的地名如何传达出共享的故事。选择一个地名，复述你所知道的它背后的故事。**

地点的氛围

阅读送我们踏上旅程。民族志学者怎样才能进一步提升对于这种旅程的感受，让读者不仅了解一个地点的事实，还能产生身临其境之感？在描述萨哈林岛的一个地区时，契诃夫以统计数据开头："一年中雨雪天气平均是一百八十九天，其中下雪是一百零七天，下雨是八十二天。"[1] 接着，他描述了布满"铅色云层"的那些星期以及当地居民感受到的压抑。在这个段落结束之前，他把这些数字和关于潮湿阴冷天气的概述置于一个他观察到的时刻之中："有一次，在一个晴天里，

---

1 《萨哈林旅行记》，第 74 页。

我看到浓雾像一堵乳白色的墙壁一样从海面上涌过来，仿佛是从天穹落下一道白色的幕布似的。"

让我们再来看看玛格丽特·米德在书中的"萨摩亚一日"一章中如何描述正午的酷热——这为描写萨摩亚人的成年奠定了基础：

时值正午。孩子们玩闹着把卷成团状的棕榈叶和用鸡蛋花编就的玩具风车放在烈日下暴晒，赤裸的小脚踩在沙地上，烫得他们又忙不迭地跑回屋檐下的阴凉处。不得已要出门的妇女用硕大的香蕉树叶来遮阳，或者用湿衣服包着头。留在村里的人大多放下遮阳的窗帘，用被单裹着头酣然大睡。只有几个调皮的孩子悄悄溜出村去，在大石头背后的凉水里嬉戏。也会有几个勤勉的妇女舍不得休息，继续编织，间或也能见到几位女亲属在精心护理着一位正在分娩的女人。整个村子令人惶惑，死寂一片；此刻，任何一点声响都会使人觉得惊怪而不合时宜。郁闷的暑天，说话得费很大的劲。小村沉默着，直到火红的夕阳慢慢沉入海中。[1]

1 《萨摩亚人的成年：为西方文明所作的原始人类的青年心理研究》，玛格丽特·米德著，周晓虹等译，商务印书馆，2008年，第13页。

　　请注意，米德不是单去写"天气酷热"，而是向读者展示了热量如何将人们推入室内，令人们不得不躲在荫凉处。她还写了当地的多种避暑方法——蒙上香蕉叶、裹上湿布、在凉水里游泳；惯常的乡村活动在暑热中凝滞不前。

▷ **描述一个地点在一天中某个时刻的状态，以及这种时空组合作为背景对社会生活产生了哪些影响。**

　　刚才我们读了一段对热带天气的描述，现在，看看它的极端反面，寒冷的西伯利亚针叶林吧。在《驯鹿人》（*The Reindeer People*）中，皮尔斯·维特布斯基（Piers Vitebsky）考察了在苏维埃政策改变了原住民伊瓦尼人（Eveny）的游牧生活方式之后，他们与驯鹿之间的密切联结。皮尔斯曾和一位退休牧民一起去冬季狩猎，他写道，离开帐篷前，要穿上多达**十五层**衣服。以下是他在狩猎第一天的记录：

　　今天气温感觉很冷，但还没有完全达到零下40摄氏度的阈值。低于零下40摄氏度，学校就会关门，孩子们会被送回家；直升机和双翼飞机不宜飞行；唾液掉到地上之前就凝固了；如果你把热茶甩到空中，茶就会结冰，变成正在滴落的小晶柱。

瞬间冻结的唾液和热茶的画面能够以一种惊人的、激发本能的方式直接唤起读者对于寒冷的印象。那么，想一想对你来说哪些画面能够呈现热、冷、湿气、烟雾、风、波浪以及其他塑造人们生活的自然力量。

▷ 描述一个能够浓缩环境中强大力量的画面，就从"……是那么……，以至于……"的句式开始。

你也可以组织起一系列的感官印象，来描述整个季节。安德鲁·考西（Andrew Causey）在他关于多巴巴塔克人[1]的木雕与旅游业关系的著作中，重现了苏门答腊多巴湖沙摩西岛雨季的到来。第一步，他通过视觉描述让读者感受到倾盆大雨的巨大力量和速度：

1　Toba Batak，生活在印度尼西亚苏门答腊岛北部。

环绕我房屋的排水沟渠原本是为了排掉我家后院小山丘上的降雨而修建的。它先是翻涌出泥浆，都泛了白，再流出半透明的灰水，之后水涨得如此之快，以至于排水沟看起来漆黑一团。

第二步，当鸣禽从雨中退去，他转向描写声音的变化：

现在，浓稠潮湿的空气中充斥着刚形成的池塘或漆黑沟渠中青蛙的喘息声，还有它们呱呱叫的声音。有些夜晚，雨小一些，变成细雨，青蛙高亢的呱呱声会如此彻底地淹没其他所有夜间的声音，以至于我无法判断我听到的是细雨中一曲流畅的两栖动物的和弦，还是只是我自己的耳鸣。如果倾盆大雨再次来临，也只会让它们的叫声显得低沉，而不是无声无息。在这细雨蒙蒙的夜晚，几乎所有村民都不得不早早睡去，因为村庄潮湿的田野和池塘旁不断传来的蛙叫声太过响亮，会盖住电视的声音。

每天雨水持续冲刷，让气味逐渐变淡。考西记下他挖泥土时的感受："鼻孔被湿气充满时，我还闻到一股非常微弱的臭味，就像夏天发现衣服在洗衣机里放得太久一样。"持续不断的降雨也改变了日常生活的节拍："白昼阴沉，人们把雨伞放在门口，家人在一起的时间更多了。"由于当地家庭都待在屋里，游客稀少，考西有了更多机会从他在当地结交的朋友那里了解有关游客的生动故事。

▷ **使用多种感官描述季节变化，指出它如何影响景观地貌（landscape）、人们的日常活动，以及你的研究或写作项目本身。**

明喻和暗喻都有助于补充你的具体描述，传达出一个地点的氛围及其带给人的感受。法国人类学家让·玛丽·吉巴尔（Jean Marie Gibbal）研究非洲马里的尼日尔三角洲东北部的吉姆巴拉河一带对于河神的灵魂崇拜。在著作的头几章中，他描述自己乘坐长长的、黑色、带有拱形盖子的木制独木舟，沿尼日尔河摇荡而过，经过被干旱和饥荒深深损害的地区。驶近德波湖的广阔水域时，他见证了"水鸟忧郁、音调动人的叫声，海鸥也在其中，让人更感到身在此处好似置身于海边"。他写道，德波湖是"一个小内海，也是一个巨大的河神宝库"。从德波湖出发，经过乡镇和沙洲：

> 尼日尔河时而变宽，时而变窄，河水在萨赫勒干旱地区艰难前行，土壤越来越荒芜。平原蜷伏在天空下，天空有时被轻薄的卷云蒙住，那云就像一张张巨大的撕裂的床单，映照出绿色的河水。丹加的一座座墙就位于迪雷和廷巴克图之间的河边，染上了夕阳的热烈暖色。今晚我们停泊在一片潮湿浅滩的边缘，昆虫鸣叫不停。岸边有一群河马在举行通宵的庆祝活动——伴随着吹喇叭般的声音、碾轧的嘎吱声和巨大的撞击声——这让当地渔民很恼火，他们担心自己的渔网会受到影响。

从吉巴尔对隐喻的使用中汲取心得，将不同的经验领域联系起来吧——**蜷伏**的平原、**蒙着面纱**的天空、**撕裂**的云层、夕阳**染色**的城墙、大型动物嘈杂的**狂欢**，所有这些，都有助于营造在湖边如同置身**海边**的感觉。

▷ 让你的心灵漫游到你的其他经验领域，这有助于你对笔下地点的描述。从以下提示开始，

"置身于……，会有……的氛围和感觉"。

文学批评家肯尼斯·伯克（Kenneth Burke）发现，"每个视角都需要一个隐喻作为其组织基础，无论是明确的还是暗藏的"。民族志学者不仅要寻求那些使自己的感知更为生动的隐喻，还要去了解居住在一个地点的人们自身经常使用的隐喻，从而获得描述的深度。

他者的看法

人类学家珍·布里格斯（Jean Briggs）在 20 世纪 60 年代做田野调查时与因纽特人共同生活。她呈现出他们如何用语言表达他们一年四季都享受户外生活：

描述春天湍流那雷鸣般的声响时，讲起河流如何高高举起巨大的冰块并倾倒入水的威力时，他们的眼睛闪闪发亮。九月，第一块冰形成，大人和孩子们会在它黑色玻璃般的表面上欢笑着滑行。"等冬天到来，你就会玩了。"他们告诉我。玩，在这里意味着在月光下的河面上开展激烈的跑步竞赛。男人一边用笨拙的针脚缝补狗的背带上破损的部位，一边摇着头，抖动肩膀，模仿狗小跑时的样子，同时讨论即将到来的旅行。还有人拿着一小片驯鹿角，削出一个钓鱼用的绕线器，随手上下晃动，模仿钓鱼的手势。他们也会像用钩子钓鱼时常做的那样，轻柔地哼唱着"ai ya ya"的曲调，然后他们会自嘲——"钓鱼是很愉快的（*quvia*）"。到春天，当微风的气息不再凛冽，连绵起伏的山峦就会渐渐浮现，他们会说："人们会想要看到山的另一边。"

在一年中的不同时间，人们能够欣赏景观地貌的不同方面，并与景观展开不同形式的互动。

▷ **通过描述某个人（或当地人）在四季中最期待的是什么，来刻画一个地点。**

有时人们的感知还可能包括环境中泛灵的或神化的力量。例如，在印度，河流大多会被印度教徒视为需要被安抚的女神，无论那些河流的污染程度如何。朱莉·克鲁克申克（Julie Cruikshank）研究了加拿大育空地区的第一民族（First Nations），在他们心目中，圣埃利亚斯山脉的冰川万物有灵，是"具有强大力量的变形者"。从她的著作《冰川能听到吗？》（*Do Glaciers Listen?*）中能看出，阿萨巴斯卡人（Athapaskan）和特林吉特人（Tlingit）关于冰川的故事强调了它们的人性化特征：

它们对人类有反应，尤其是附近有人在煎肉时，它们对气味的反应很剧烈。如果人类开自高自大的玩笑，以牺牲它们为代价，它们立刻就会听到并生起气来。它们显然具备视觉能力，比如，冰川会被描述为"眼睛大如月亮"的巨型蠕虫。

在这些记载中，冰川有时会观察人类，在与人类互动时表现出强大的力量。克鲁克申克的著作追溯了育空地区的口述传统、早期旅行者的日记，以及晚近的科学记录间的巨大差异，展示出这些相互矛盾的观点如何塑造了关于当地土地使用方式的纷争与辩论。

▷ **基于当地人理解其力量和意志的方式，尝试描述你所写地点的一个方面（冰川、河流、丘陵、山脉、湖泊，等等）。**

克鲁克申克和基思·巴索都通过故事去把握当地对景观地貌的认识。而在遥远的印度尼西亚加里曼丹，罗安清（Anna Tsing）于 20 世纪 80 年代初徒步穿越森林，从朋友玛·萨拉姆那里学到了如何"阅读森林"以寻找人类存在的痕迹：

正是与玛·萨拉姆一起，我第一次学会了如何在梅拉图斯的社会空间中行走。起初我只能看到森林的自然之美，是他向我展示如何从社会角度解读森林。他教我辨认次生林的浅绿色（*kuning*，也是"黄色"之意）叶片，这些树林是从被烧过的土壤中刚生长出来的，而已经生长了四五十年的成熟森林会逐渐以深绿色（*hijau*，也是"绿色/蓝色"之意）显示自身的存在。他用手指向我原本可能永不会注意到的遗迹，那是耕作和人类生活留下的痕迹。曾经在某人的水稻田中装饰了仪式性"眼睛"（*pamataan*）的红色锦紫苏，经过五年的再次生长，如今枝繁叶茂，挤在与手臂一样粗的树木之间。曾从某人的窗内扔出的果核已经变成了几株丰茂的果树，此时它们周围的树林还不足十岁。

要注意植物的颜色、品种、年龄如何揭示人

类行为。肯·乔治（Ken George）[1]在读这一章时，还回忆起朋友帕帕·阿蒂带他去苏拉威西山区时给他上的一课——学习聆听河流中神灵发出的声音。

▷ 描述某人向你展示他们是如何阅读或聆听景观地貌的。

也要知道，你正在写的作品会成为历史文献的一部分。在民族志学者发表记录后，以上引文描述的每一个地点都可能继续发生变化。

景观变迁

十年后再次回到加里曼丹，罗安清发现那些森林已被伐木和种植园摧毁。在随后出版的《摩擦》（*Friction*）一书中，她描述了沿加里曼丹东南部森林覆盖的山区的伐木道行走的旅程：

1　即本书作者在《序言》和《致谢》中提到的丈夫肯，研究南亚地区的文化人类学家。

废弃的伐木道必定是地球上最荒凉的地点之一。顾名思义，它不会导向任何地点。倘若你走到这里，只会是因为你迷路了，或是因为擅自闯入，或二者兼而有之。湿漉漉的黏土在你的靴子上结块（如果你幸而穿着靴子），消耗你的体力。而如果没穿靴子，太阳和热泥会对你毫不仁慈。整片山坡从你身边斜插入蚊虫滋生的一潭死水中。很快，废弃的道路就会变得一团糟，迫使你拐进被侵蚀的峡谷和泥泞的溪流，那里曾有过桥梁，但现在被松散的土块堵塞，树木的藤蔓歪歪扭扭地缠在根部和树干上。然而，具有讽刺意味的是，森林是真理和美之所在，这一点从伐木道上看，比从其他任何地点都更为清晰。正是因为这条道路切开了一个整齐的横截面，让灌木丛、树冠和高处的新生植物如此精致的结构得以呈现出来。

请注意"你"如何变成了"我"。当她描写沉重、炎热、潮湿的粘土和成群的蚊子，激活我们的身体感官，让我们感受到那些不适和劳累时，读者会开始与罗安清及她的达雅族（Dayak）伙伴一起漫步。与此同时，她将我们的视野向上方开启，让我们看到森林那层层叠叠的生长之态。

▷ 描述在一个地点中移动时的情绪和身体感觉。

　　罗安清继续描述饱含生物多样性的原始森林如何被夷为平地，取而代之的是"迁移村庄——A 区、B 区、C 区——以及方圆数公里的巨大种植园，种着用于纸浆和纸张贸易的油棕、橡胶、金合欢"。砍过的树桩周围长出了灌木丛和藤蔓，那些伐木道正是从这个新的前线掠夺资源的动脉，尽管如今已逐渐衰弱。罗安清记录下了消失的树木、物种和生活方式，描绘业已浮现的新社会形态，她之前对森林那种深入、亲密的知识，让人在读到今天的情状时更添摧毁感。见证环境破坏越来越频繁地成为民族志工作的内容之一，这令人痛苦；这也是在这个贪婪时代中生活的感受。

　　契诃夫将他对杜伊卡河谷的观察与一位动物学家在 1881 年（即契诃夫造访前九年）对同一条河流的描述并置。动物学家记录下巨大、古老的森林如何怀抱着这条河流，现出一片湿软的沼泽，而契诃夫看到的是剥蚀殆尽的河床，这让他想起莫斯科的城市运河。周围的土地也填平了，成为庞大的亚历山大罗夫卡定居点，还将继续扩张：

可是现在，在从前的密林、泥塘和深沟之处，却耸立着整座城市，兴建了道路，开辟了草场，地里种着黑麦和蔬菜。人们抱怨缺少林木了。在这个变化过程中，付出了多少劳动，进行了怎样的斗争啊！在水深没腰的烂泥塘里干活，还有严寒、冷雨、怀念故里、屈辱、笞刑。想到这些，我们的头脑里就会浮现那些可怕的身影。[1]

在这段看似平静的关于人类如何驯化景观的描述中，契诃夫写出了一层层的生态破坏（他对环境保护相当关注，他本人一生中种植了许多树，其小说和戏剧中的一些人物也一样）。他还提到了因犯服苦役的辛劳，那正是景观地貌发生转变的原因。

▷ 将（你自己或其他观察者）之前描述过的地点与你最近看到的地点状态并置、比较。在这两个时刻之间架起桥梁。那么，关于人类劳动及景观塑造中的权力关系，你学到了什么？

---

1 《萨哈林旅行记》，第38—39页。

远景与特写

人类学家西敏司从 1948 年开始在波多黎各做田野调查。他描述道，从空中俯瞰南部沿海平原，如同"一条不规则的绿色甘蔗丝带"。在那些公司城镇（company towns）里，磨坊的"烟囱在棚屋和藤条上投下长长的影子"。棚屋看起来整洁漂亮，与周围环境和谐相处——"那茅草屋顶，那随风舞动的棕榈树，那邻近大海的位置"。这是从自上而下的视角看到的。请注意西敏司如何通过形状、颜色和图案组合出强烈的意象。然后，他切换到水平于地面的视角：

但穿过一个村庄，以上印象就不复存在了。地面又硬又脏，到处都是锡罐、纸、椰子壳和甘蔗碎片。房子上贴着斑驳的可口可乐旧标志，还有从包装箱和硬纸板上撕下的板子。只有少数房屋刷过漆。之前看到的那种表面上的井然有序，在这里显出其混乱与拥挤。大家庭挤在狭窄的生活空间中，那些房子由完全达不到天花板高度的隔板分成两部分、三部分或更多。烹饪在生活区后面摇摇欲坠的小房间里完成。房子四周长满甘蔗。

这种从远景镜头到特写镜头的转变，呼应了前面我曾谈过的并置简述性质的"概要"与充满细节刻画的"场景"的叙事策略。在介绍甘蔗、令人敬畏的磨坊、拥挤在周围的棚屋时，西敏司同时帮助读者做好准备，接下来去了解塑造他的朋友唐·塔索这样的"甘蔗工人"生活的那些强大的历史与经济力量。

▷ **考虑一下你最感兴趣的社会实践是什么。然后通过两种视角来为这种实践给出定位：先从远处观察景观地貌，再近距离呈现具体生活经验。**

西敏司继续介绍他做田野调查的那个名为茹卡的村庄。他记录下村庄一天中的变化，其描述令人难忘：从早上 5 点紧闭窗扇的寂静，到村庄苏醒，人们开始一天忙碌的饮食、劳动和社交等日常活动，再到晚上 9 点，大多数夜晚都很安静，唯独发薪日后的星期六除外。他还描述了人们的劳作节奏，包括工作日和周末、收获季节和随之而来的停滞期——延续到圣诞节，之后则是甘蔗劳动重启。除这些反复出现的周期外，他还指出了更大的历史变迁。这让我们意识到，地点永远不会是静态的。

▷ **呈现一天内的不同时刻、一年中不同时间，或不同历史时期下，同一地点中社会生活的对比图景。**

远景和特写镜头也可以用于清晰呈现室内环境及其布置方式。下面是契诃夫进入萨哈林岛的亚历山大罗夫斯克苦役犯监狱牢房时的描绘。他注意到监狱院子从外面看有多么整洁，而且，第一次进入牢房时，他甚至认为它很"宽敞"：

窗户开着，光线充足。墙壁没有粉刷，凹凸不平，原木之间的空隙里积满灰尘，只有荷兰式火炉是白色的。地板是木头的，没有上油漆，很干燥。囚室中间有两排斜面通铺，苦役犯们睡觉时分成两排，头冲着头。铺位没有编号，中间没有任何间隔，因此整个床铺可睡七十人，也可睡一百七十人。[1]

契诃夫从这个房间的总体轮廓及其用途写

---

1 《萨哈林旅行记》，第 50 页。

起，勾勒出一幅整齐有序的草图，并以相当实事求是的方式给出数字。然后，丝毫不作停顿，他开始描述对囚犯来说这个地点是多么不舒服、拥挤和混乱：

> 没有任何行李，只好睡在硬木板上或者铺着破袋子、自己的衣服以及各种褴褛不堪的破烂儿。床铺上摆着帽子、鞋、面包、盛牛奶的空瓶子（瓶嘴塞着纸或破布），还有鞋楦子。床底下堆放着箱子、肮脏的袋子、包袱、工具以及各种破旧物品。床铺前有一只吃饱了的猫在懒洋洋地走动。墙上挂着衣服、小锅、工具，搁架上放着茶壶、面包和装东西的小木箱。[1]

契诃夫巧妙地用以上观察消除了读者此前留下的对"秩序感"的印象。描述物品的同时，他还传达出居住在该空间中的感觉。那只悠闲散步的胖猫是典型的契诃夫风格——这种细节乍一看似乎无关紧要，甚至与其余描述的主旨不一致，但这种对比恰恰有助于增添读者对于这是一个正在行进的生活世界的感觉。对我来说，这只吃饱

---

[1] 《萨哈林旅行记》，第50页。

的猫暗示，囚犯可能是慷慨的，虽然它也同时说明或许有许多老鼠在混乱中狂窜。

▷ **描述一个房间，从空间布局开始，再转向能揭示居住者生活的事物。有没有哪个细节看起来格格不入？它可能告诉你什么？**

契诃夫继续描述亚历山大罗夫斯克牢房里的恶臭。作为医生，他认识到这股味道近于硫化氢和氨。但首先，他在人类的行为实践中找到了气味的来源。囚犯们穿着湿衣服和脏靴子下工回来，挂起一些衣服，其他的，则叠起来当临时床褥：

皮外套散发着羊皮的腥膻味，鞋子散出皮革和焦油的臭味。犯人好久没有洗过的衬衣满是汗渍，如今还没有干透，又同旧袋子和发霉的脏衣服混放在一起；包脚布散发出汗臭味。他很久没有洗过澡了，浑身是虱子；吸的是廉价烟叶；因为患有气臌症，屁声不绝；吃的面包、肉、咸鱼也都堆放在囚室里；还有食物的残渣、骨头、锅里吃剩的菜汤；他用手指捻死在床铺上的臭虫——这一切使得囚室里的空气又臭又酸，又湿又闷，水蒸气达到饱和的程度。[1]

请注意契诃夫如何扩展他在前文的观察，精确地列举出难闻气味的来源：羊皮、皮革、焦油、脏衬衣、旧袋子、被汗浸湿的包脚布、没有洗澡的肉体、廉价烟草、屁、面包、肉、咸鱼、菜汤、臭虫。列举这些气味能够有力地说明囚犯被迫生活在什么样的状态下——劳动、不洁净、衣衫褴褛、饮食简陋且一成不变。

▷ **描述某个地点空气的特质。**

痛苦之地

前往萨哈林岛旅行前几年，契诃夫曾给酗酒的兄长写过一封充满责备的信。他在信中指出，体面人的特征之一是"他们对猫以及乞丐以外的其他人有同情心。他们的内心承受着肉眼看不见的痛苦"。他似乎是在劝告哥哥使用想象力去探究人们苦难的根源，他举例提到一对老夫妇，头

---

1 《萨哈林旅行记》，第53—54页。

发灰白，躺在床上，因担心酗酒的儿子而睡不着觉（很明显，这是在暗指他们自己的父母）。这种要求想象力超越眼前立即可见之物的指令，也适用于那些在社会意义上隐秘难见、观察结果可能令人痛苦的地点——比如萨哈林。

菲利普·布儒瓦（Philippe Bourgois）和杰夫·舍恩伯格（Jeff Schonberg）描述了旧金山无家可归的海洛因吸食者的生活。两位人类学家带领读者走进繁华都市中隐蔽的角落，例如高速公路下的 V 形区域。这本书从舍恩伯格的田野笔记开始，当高峰时段的车流轰鸣着来往而过，他跟着两个人穿过出口坡道前往他们的"注射地"：

这地方的尽头有一台废弃的金属发电机。三套对角线形状的抗震钢筋混凝土塔架支撑着我们头顶的双层高速公路，同时也避免我们进入过往车辆的视线。那边，菲利克斯正在提醒我："小心脚下！"这边，我的脚已经陷入一团柔软的东西。现在，我更小心地移动，避免再踩到成堆的人类粪便，这些粪便平日里滋养着那些高速公路规划者选择的对汽车尾气免疫的植物。地上散落着空塑料水瓶、糖果包装纸、装着烈酒空瓶的牛皮纸袋、生锈的金属床架的部件，以及一个装满旧衣服的、破烂的手提箱。在发电机后面，有块翘起来的胶合板就搁在一个牛奶箱上；胶合板的顶部，有一只装了半杯水的泡沫塑料杯，还有半个挤得稀巴烂的可乐罐，可以随时取用。

弗兰克和菲利克斯二人伏在胶合板桌子前，急切地准备"搞定"（fix）一"袋"（bag）四分之一克的墨西哥黑焦油海洛因……

然后，跟随他们吸毒过程的每一步，叙事在这个通常隐匿的空间内移动。这本书将此类描述与大量从访谈中摘录的片段相结合，还包括许多照片，如是，它毫不妥协地记录下调查对象生活的日常细节，同时也追溯了塑造他们生活的更大结构性力量中所蕴含的暴力和不平等。

▷ **描述一个地点的某些方面，那些方面可能是隐密的（字面上或比喻意义上），许多人可能会忽略或回避。**

从历史上看，民族志学者大多专注于社会意义上可见的、典型的、常规的事物。转向边缘和灾难性事件是民族志事业道德力量的来源之一。契诃夫强迫自己亲眼目睹了一个流浪者普罗霍罗夫（别名梅利尼科夫）遭受残酷鞭打，那人被绑起来鞭打了九十下；后来，契诃夫做了噩梦。[1]

微依那·达斯回忆起 1984 年，在英迪拉·甘地被其锡克教保镖们杀害、发生可怕的反锡克教暴乱之后，她前去访问德里一个住宅区时的情景。达斯呈现出哀悼中的妇女如何将街道变成了"一个舞台，公开上演了一出对抗官方否认过失行为的反叙事运动（counterstory）"。她描述了"喷溅在墙上的斑斑血迹、留下的枪眼，累累灰烬中仍然能找到碎发与残骸"。其中一位妇女给出了她对这里的看法：

他们要求我们打扫好房间，搬进去定居下来。我们怎么能住在这儿呢？你们看到那些骨灰没？看到血迹没？这儿，把你们的手伸进骨灰堆里，你们会看到还在焚烧的头骨呢。他们甚至不允许我们找回这些尸骨。我们乞求他们：你们杀了我们的男人，至少也该让我们找到他们的尸骨，让我们为他们哀悼吧。整晚我们都能听到死去的男人的声音。我听到丈夫要水。杀人犯甚至都不让我们给垂死的人水喝。我的儿子哭喊着，

---

1 参见《萨哈林旅行记》第二十一章。

妈妈，妈妈——就像他小时候喊我一样。但是，我没法走近他。这条大街如今就是我们的火葬场。活着的人瑟缩在沉默中，而死者的哭嚎飘荡在天空，像重物一样压在我们身上。[1]

也就是说，这条街变成了死者的纪念碑。女人们拒绝洗浴、不肯清扫这里，也拒绝恢复做饭等日常活动。

▷ 描述一个经历过灾难性转变的地点（自然环境的灾难或政治灾难均可）。基于直接观察、口头证词、书面记录或照片完成本次练习。

文本交汇处

或许因为我在建筑师身边长大成人，我认为任何一个写作文本都可视为一个地点，由作者引导读者一步步在其中穿行。我发现自己想象着欢迎来客的入口、公共议事厅、窗外的景色、暗示

1　转引自《生命与言辞》，微依那·达斯著，侯俊丹译，北京大学出版社，2008 年，第 244—245 页。

着隐藏秘密的壁橱。《萨哈林旅行记》给人一种穿行于其中会步履蹒跚的感觉，它有许多迷宫般的走廊、大小不一的房间、活板门、阴冷的地下室、直耸入云的烟囱，就好像契诃夫要通过这本书的复杂性来逃避沙皇的审查。

契诃夫在极其忙碌的几年里撰写了《萨哈林旅行记》的材料，其间他需要前往欧洲旅行，写短篇小说和中篇小说，帮父母和兄弟姐妹搬家到乡下，组织饥荒救济，与霍乱大流行作斗争，协助人口普查。契诃夫在非虚构作品的严格标准下创作，并没有表现出虚构作家的不耐烦，虽然他习惯于为短篇小说和戏剧编造必要的细节。他向朋友苏沃林抱怨，说他"不得不为了一个肮脏的句子，或者别的什么，回到材料中翻找整整一个小时"。

在几年前写给哥哥亚历山大的一封信中，契诃夫列出了他心目中短篇小说的关键要素 [1]：

1. 没有政治、社会、经济性质的冗长空话；
2. 十十足足的客观性；

1　《契诃夫书信集》，"致亚·巴·契诃夫，1886 年 5 月 10 日，莫斯科"，第 9 页。

3. 主人公和事物描写上的真实性；

4. 极度简练；

5. 大胆和独创，千万不要有陈词滥调；

6. 富有同情心。

带着《萨哈林旅行记》及其他民族志类型的作品给予我的启示，我重新思考了以上要点。第一，契诃夫和其他民族志学者一样，探索人们生活于其中的更大的模式、结构、过程和不平等。在《萨哈林旅行记》中，契诃夫也围绕具体描述拓展出了大段的"政治、社会、经济"评论——尽管这些评论是否属于"冗长空话"还值得商榷。第二是他对"客观性"的呼吁——在其他信件中，他进一步阐述了作家应该像单纯观察生活那样写作，不给出个人判断。具有讽刺意味的是，《萨哈林旅行记》正好反了过来，契诃夫描述生活在萨哈林岛的人们时，如此坦率地给出判断、不肯讨人欢心，其程度会令当代民族志学者不安。第三，即使他看起来在尝试完全真实的描述，从他的写作中也能看出属于那个时代的偏见，就像过了一段时间后就不再有效的眼镜片度数处方单（下一章中我会详细说明）。第四，他写了那么多令人厌恶的情况，并给出大量证据来说明他愤怒的合理性，不免很难做到简明扼要。《萨哈林旅行记》与他精简的短篇小说形成了鲜明对比。第五和第六，就像在其他作品中一样，契诃夫高度坚持"持久原创性"的标准，这是任何类型的作家都会渴望的：写一些与众不同的、大胆的东西，打破刻板印象，并充满对人们处境的同情。

《萨哈林旅行记》有十九章在 1893 年到 1894 年的《俄罗斯思想》杂志上以连载形式发表。1895 年出版的全本中，契诃夫增加了四章极为尖锐的批评，这几章没有被沙皇审查员删掉，这意味着整本书都可能有被销毁的风险。尽管这是本批判性极强的书，但契诃夫以冷静描述个人所见的特殊笔法，以实际数据为武器，设法绕过了审查。当时，《萨哈林旅行记》得到了广泛阅读，也带来了程度有限的改良。萨哈林的定居点建起了学校和图书馆，契诃夫亲自带头，送出了数千本书。有一个官方委员会前往萨哈林岛调查，实施改革（不过，1905 年日俄战争后，这座岛屿南部的控制权被交给了日本）。契诃夫还研究了拿这本书作为医学论文提交给莫斯科大学的可能性。尽管并未奏效，但在契诃夫去世后，莫斯科大学的一位教授写道，"在我们急需的民族医学（ethnographical medicine）系成立之后"，《萨哈林旅行记》将成为典范作品。

契诃夫很少在小说或戏剧中直接描写萨哈林岛或西伯利亚（《游猎惨剧》和《在流放地》这样具有强大力量的故事属于例外）。然而，他在萨哈林岛做调查期间与成千上万不同背景的人相遇，这些经历无疑以各种方式进入了其小说的画卷之中。比如他关于精神病院悲惨故事的小说《第六病室》，读者很难不注意到精神病院与萨哈林岛监室的相似之处：在外面，"床垫啦，破旧的病人服啦，长裤啦，蓝白条纹的衬衫啦，毫无用处的破鞋啦——所有这些皱皱巴巴的破烂混杂在一起，胡乱堆放着，正在霉烂，发出一股令人窒息的臭味"[1]。至于房间内部，"满屋子的酸白菜味，灯芯的焦糊味，臭虫味和氨水味"。倘若知道契诃夫是在 1892 年写下这个故事的，就不奇怪了。那正是他写《萨哈林旅行记》的时候。

几年后，圣彼得堡一名政治上很活跃的学生被判处流放到萨哈林岛，服刑十年，他的哥哥写

1　参见汝龙译《契诃夫小说全集》《契诃夫文集》等作品中的《第六病室》一篇。

信向契诃夫求助。契诃夫回信给这位名为大卫·马努恰洛夫的兄长，说虽然他如今已经不认识萨哈林的人了，但他会尝试通过彼得堡的关系进行干预。契诃夫解释说他未曾得到允许单独会见政治犯，但他仍旧分享了他所了解到的政治犯生活情况。马努恰洛夫考虑自己是否应该在萨哈林岛找一份离弟弟近的工作，契诃夫也给出了建议，告诉他该如何申请到工场的高级主管职位。在给心烦意乱的马努恰洛夫的第一封回信的末尾，契诃夫说，地点并不能完全决定住在那里的会是什么样的人：

让您的弟弟放心；告诉他即使在萨哈林岛，也有好心人不会拒绝给他帮助和建议。

向您致以最良好的祝愿，并随时为您服务。

你的，
安·契诃夫

地点

用 2 页篇幅，为你准备描述的事件设置好它发生的舞台。要包括对季节、地名、景观、建筑环境、室内环境（如果适用）的描述，即使简短提及也可以，顺序不限。记得要调动你所有的感官。

3　人

珍妮特·马尔科姆（Janet Malcolm）在《阅读契诃夫：文学批评之旅》（*Reading Chekhov: A Critical Journey*）中曾这样描述："在俄罗斯，和在我们国家一样，甚至可能比我们国家更明显，人们对契诃夫有一种令人作呕的虔诚。你说出契诃夫这个名字，人们就会摆正姿势，那副样子就好像刚刚有一只幼鹿走进了房间。"

第一次读马尔科姆的这本绝妙好书时，我被这段话逗乐了。第二次读时，我已经为契诃夫的魔咒所摄，在以上几行字下画了线。我停下来思考，想要厘清围绕在这个名字周围的强大光环中，究竟有哪些盘旋在一起的力量——即便不称之为"虔诚"，那也至少是一种扣人心弦的联结感。我仍然记得几年前我在印度西北部的坎格拉县遭遇契诃夫名字的那次经历。有个乡村女孩，聪明、活泼，比我小几岁，但已经远远超过了这个地区通常的结婚年龄，我们坐在她家庭院里聊天时，她向我提到了契诃夫。她是在裁缝用来包衣服的成堆旧报纸和杂志中发现那份印地语版的苏联杂志的。她说，阅读契诃夫的小说译文，让她非常感动，以至于她开始用这本《苏维埃妇女》（Soviat Nari）杂志自学俄语。我的这位朋友低声呼唤着契诃夫的名字，在我看来，那似乎是一种经过编码的方式，指向一种强大的想象性力量，能够将她推向比她当时的生活所允许的更广阔的视野和更大的可能性。因为，正如马尔科姆指出的那样，契诃夫表面上以现实主义风格写作，但他的作品指向生活中那些超现实和欣喜若狂的时刻。

契诃夫对他笔下人物的渴望所表达出的那种同理心，是否在一定程度上吸引了跨越时空的读者，让他们感到他是在非常直接地、面对面地对他们说话？也许吧。然而，正如马尔科姆在她这本将传记、文学批评和游记编织在一起的著作中巧妙展示的那样，人们对契诃夫有这般反应，不仅是因为他富有想象力的创作，还因为他们对契诃夫其人的看法。

我们能够在契诃夫作品中、在有关他的著作

构成的那条更为宽广的河流中瞥见契诃夫其人的身影。沉浸在这些文学作品中，我发现自己被契诃夫同代人的观察所吸引：那些曾与他交谈的人，看着他因病消瘦的人，当他头向后仰并甩掉夹鼻眼镜时和他一起笑的人。在契诃夫去世后的几年里，尤其是 1917 年俄国革命的巨大动荡之后，他的亲戚、朋友、作家同行们写下对他的追忆——他们中的一些人此时已经处在流亡状态。许多回忆录都弥漫着哀挽和怀旧的气氛，不过，阅读它们时，我还是发现了许多让契诃夫栩栩如生的细节。在本章中，我希望向读者提供多种描述人物的策略——我会借鉴对契诃夫的描述，以及我从回忆录和民族志中收集到的其他一些令人难忘的人物描写。

无论选择何种形式，描述他人都是一项巨大的挑战。如果彻底坦诚，就可能带来冒犯他人的风险，他可能根本不希望——尤其不希望在印刷品中——提及某些事：例如，他们的外表、举止、与他人交往的方式、个人背景中都可能有不完美的地方。他们或许会受到冒犯，更糟糕的是，他们可能会受到伤害。照片有助于唤起人们的回忆，无须诉诸文字即可填充细节，但是，不那么讨人喜欢的照片也会带来麻烦；而且，即使你在照片说明中使用了极为笼统的词汇，照片仍能揭示人物的身份。也许研究机构的制度要求你在涉及人物对象时使用化名，但是，提及一个人的主要特点，就可能会破坏你为掩饰身份所付出的尽职努力。你可能会尝试通过创造"复合人物"来保护受访者，但合并与重组的过程必须非常谨慎，才能确保这些复合人物能在即使属于虚构创造物的情况下也仍具有其社会基础。这些问题都不能抽象地解决：你必须面对每个项目、每个人重新展开思考；你或许得通过一个又一个版本的草稿来尝试处理以上难题。

　　你的项目可能涉及很多人。用 E. M. 福斯特的话说，有些人能够呈现为复杂、令人惊讶的"圆形人物"，而其他人则在背景中出现，是相对扁平的配角，即"扁形人物"。在这里，我重点介绍如何呈现"圆形人物"，同时敦促你思考如何使用意想不到的词语或细节来为背景中的人物增添令人难忘的色彩。我建议你起草一份名单，放入你希望描写的人，帮助自己对作品中处于前景的人作出排序（并帮助你在可能使用化名的情况下，仍能保留一份清晰的原始名单）。

▷ **列出你希望描写的人，在每个名字后加上一**

两行描述。

随着项目的展开，该列表大可以缩减或扩展。有些涉及大量人物的民族志会给出一份人物列表，简要总结其角色和关系网络，类似于剧本开头的人物表。即使你不打算在作品的正式发表版本中纳入这一部分，也有必要做这样一份列表，帮助你留心关注这些人的生活中哪些方面更值得一提。

类型与个体

社会科学著作大多更关心人所属的社会类别或类型，小说和创造性非虚构作品更关注特定的人，跟踪这些人自身的关切。民族志写作则融合这两种视角，在不同形式的作品中，二者的比例不同。即便是以某个人类群体为写作对象的、具有高度概括性的民族志（无论是特罗布里恩人、蒂蔻皮亚人，还是阿赞德人）[1]，也都会提及其中

1　此处所列群体均为 20 世纪人类学的经典研究对象，衍生出多本经典民族志著作，包括《西太平洋的航海者》《纳文：围绕一个新几内亚部落的一项仪式所展开的民族志实验》《我们，蒂蔻皮亚人》《阿赞德人的巫术、神谕和魔法》等。

某些个体的轶事，使我们关注个人。光谱的另一端是民族志中的生活史（life history）——通常关注个人，是自传与传记的混合体；而即便是那种文体，也会把个人故事置于共享的经验模式之中。通过民族志，我开始更好地理解人们（也包括我自己）如何生活在更大的共享结构塑造的约束之中。当然，人们会巧妙地操纵这些约束，围绕着约束有意地运作，有时还会积极地改变结构。我也仍然在寻找方法，将个人的独特之处更好地描述出来。

　　书写萨哈林岛时，契诃夫在一定程度上也局限于他所处时代的民族志惯例，这意味着个体被涵盖在类型之下。在描述原住民基里亚克人和爱奴人在殖民统治下的困境的章节[1]中，这一点尤其明显。契诃夫沿用了前人经常采用的那种简略表达方式，列出"典型的"显著身体特征、着装、性格特征、社会组织形式。他也时不时转向对个体的描述，例如回顾他与两位对他感到好奇的基里亚克人的谈话，这时，那种漫画速写的感觉就开始消失了。不过，通常来讲，在描写转瞬

1　参见《萨哈林旅行记》第十一章"基里亚克人"一节及第十四章"爱奴人"一节。

即逝的相遇时，他大多时候未能以描写对象**理解自身**的方式传达出他们带给他的感觉。当笔触转向与他在族群上更为相近的、来自俄国大陆的男女犯人与定居者时，契诃夫也使用了不那么顺耳的方式来概括，但他似乎更能理解这些人的特殊性。然而，当他与某个人进行长篇大论的对话时，他的同理心和对细节的关注会让人物在纸上活灵活现。例如，这一段是苦役犯"记不得宗族的美男子特罗菲莫夫"驾驶一只平底方盒子，权当过河的渡船：

> 他已七十一岁了，驼背，肩胛骨突起，断了一根肋骨，一只手缺少大拇指，全身满是鞭打留下的伤痕，但头发却一根没白，只是仿佛褪了色似的。一双蓝汪汪的眼睛，明亮，愉快，和善。他衣衫褴褛，打着赤脚。[1]

特罗菲莫夫告诉契诃夫他如何落到了这般境地：他先是逃离了沙皇军队，在被判处流放西伯利亚时再次逃跑了。他在萨哈林待了二十二年，大部分时间都过着平静的生活，始终秉承他服从

---

1 《萨哈林旅行记》，第 42 页。

命令的生活哲学："要说真话，不要惹怒上帝，生活是美好的！上帝保佑！"

这类描述更趋精细，提醒着我们为什么民族志方法强调与人们共同生活，一同经历时间的推移，并且用他们自己的语言与他们交谈。这种共存总是会大大超越研究项目那些预先限定的边界。那么，从这种共存之中，究竟能产生什么样的对他人的独特见解呢？例如，回忆录经常会借鉴持续多年的对他人非正式的参与观察，甚至将对其完整一生的观察纳入其中。

当读到保罗·奥斯特描写他父亲的《一个隐形人的画像》时，我思考了民族志能够从回忆录中学到什么。在父亲骤然离世后的几周里，奥斯特开始记录这些回忆。整理父亲遗物的过程也是整理记忆的过程。他选择了许多不同的画面来唤起父亲的形象，"每一个形象，就其自身而言，都是一次稍纵即逝的复活，是一个不然便会失落的瞬间"。他回忆起父亲如何走路和吃饭、父亲汽车的气味，以及和父亲在一起的特殊时刻。然后，他以诗歌般的有力韵律继续罗列：

他双手的尺寸。手上的老茧。
把热巧克力表面凝固的那层吃掉。

茶配柠檬。

散落在屋子各处的黑色角框眼镜：厨房台上，桌上，浴缸边缘——总是没遮没盖，放在那儿就像某种奇怪的、未被分类的动物。

看着他打网球。

他走路时膝盖不时弯曲的样子。

他的脸。

他和亚伯拉罕·林肯的相似，以及人们如何经常对此加以评论。

他对狗的毫不畏惧。

他的脸。又一次，他的脸。

热带鱼。[1]

奥斯特的清单可以成为一种有用的写作提示，我在民族志写作课程和回忆录写作工作坊中都使用过。

▷ 选择一个你认为对你这项工作至关重要的人，并以奥斯特的速写为模板开始描述她或他。你可以遵循奥斯特的结构——我将它概括为

---

1 《孤独及其所创造的》，保罗·奥斯特著，Btr 译，九州出版社，2018 年，第 38—39 页。

下面的一系列分类——你也可以创作有助于自己开始写作的列表：

> 引人注目的身体细节
> 古怪的习惯
> 独特的食物或饮料
> 与其相关的物品
> 你观察到的此人的某个活动
> 此人动态的样子
> 与什么／谁的相似之处（如果有的话）
> 在互动中展现出的特质
> 一项爱好或乐趣

　　学生和工作坊参与者几乎写出了所有他们有机会近距离观察的人，包括家庭成员、最好的朋友、室友、与自己有浪漫关系的人，或者他们在之前的田野调查中认识的人。我发现，这项练习会激起作者对所描述的人的感受，让他们的内心波澜起伏。有时，大声朗读列表时，作者自身的声音也会逐渐清晰。当参与者分享作品时，房间里的人数等于增加了一倍。我们能感受到被描述的人的特殊个性，也能感受到观察者的特殊情感。

以下是我根据契诃夫的朋友、亲戚、其他作家的回忆，为契诃夫制作的列表：

他右眼的虹膜比左眼的颜色要浅些。

专心听别人说话时，手指拨弄着胡须。

他开出的药物、他自己使用的药品、家里的两只狗奎宁和布洛米德使用的药物。

年纪渐长后，他会抬起下巴透过一副金属丝边的夹鼻眼镜看事物。

看着他被咳嗽折磨得筋疲力尽。

他突然一闪而过的笑容。

栗色的头发从前额向后梳。

他与自己留下的那些黑白照片很像，照片记录下他潇洒的模样，而后是憔悴的模样。

他对女性崇拜者难以捉摸的态度。

他喜欢有趣的故事。

接下来，请你从细节转向概括，因为个人和群体之间存在互为说明的关系。

▷ 将此人作为一种"类型"看待，给出最广泛的概括性陈述，重点放在对你的项目最有意义的类别上。同时，要展示出此人为什么适

合放进这一类别，又如何偏离该类别。

我自己自由写作的以上提示是在一个工作坊中与学生一起完成的，开头是："安东·巴甫洛维奇·契诃夫是 19 世纪伟大的俄国作家之一。他只活过了 20 世纪的头几年，在 1904 年去世。与其他大多数更乐于写厚书的伟大俄国作家不同，契诃夫创作小说时，大多停留在可以延伸为中篇小说的短篇小说形式……"诸如此类。

具身的人（The Embodied Person）

我们通常首先通过他人的身体存在来感知他人。跟随契诃夫的朋友伊萨克·列维坦（Isaak Levitan）学习的艺术家康斯坦丁·柯罗文（Konstantin Korovin）是这样描述 1883 年他在莫斯科所遇见的契诃夫的。当时他们都是学生，契诃夫 23 岁：

安东·巴甫洛维奇的房间里充满了烟草味，桌上放着一个茶炊，还有小面包、香肠和啤酒。长沙发上堆满了纸张和大学笔记本——安东正在为他在医学院的期末考试做准备。

他坐在长沙发的边缘，穿着一件当时许多学生穿的那种灰色夹克。房间里还有其他一些年轻人，都是学生。

学生们在谈话，热烈争论，喝着茶和啤酒，吃着香肠。安东·巴甫洛维奇静静地坐着，只是偶尔回答问他的问题。

他有一张英俊、光洁的脸，一双慈祥而充满笑意的眼睛。与人交谈时，他有时会直视对方的脸，但随即低下头，露出好奇又温和的微笑。

契诃夫已经以"安托沙·契洪捷"的笔名写作了几年，为报纸和杂志写简短、有趣的文章，以补充他从大学获得的奖学金。注意这段描述如何将他安置在一个房间里，通过他的论文、笔记本、灰色夹克、同伴和饮食习惯，把他描述为一群学生中的一员。

▷ **描述你对某人的第一印象，通过物品、外貌、着装、习惯、互动等方式，来具体地将这个人表现为某个社会群体中的一员。**

当然，你用来定位一个人的类别可能会随着

视角和此人逐渐展开的生活轨迹而改变：契诃夫曾是学生群体中的一员，后来也是医生、作家、剧作家群体之一员，依据这些类别可以对契诃夫作出不同的描述。可以根据他的出身和阶层背景来定位他，也可以根据他长期居住的地方来理解他——包括他的家乡塔甘罗格、莫斯科、他位于莫斯科郊外乡间的庄园梅利霍沃，或者位于黑海岸边的南方度假城镇雅尔塔（当他的结核病使得生活在莫斯科过于艰难后，他在雅尔塔建了一所房子）。同样，理解他所写的地方也有助于把握其本人，这其中就包括萨哈林岛。

莫斯科艺术剧院活力四射的女主角奥尔迦·克尼碧尔（Olga Kinpper）对契诃夫的第一印象则与上文柯罗文描述的那种截然不同。克尼碧尔在契诃夫逝世前六年才认识他，那时他已经是备受尊敬的文学家，也正如她后来回忆的那样，"身体越来越虚弱，精神却越来越强大"。他们第一次见面是 1898 年，当时他参观了剧团，排练他备受争议的戏剧《海鸥》（我将在本章稍后再谈）。克尼碧尔回忆，演员们见到他都非常兴奋。契诃夫出现时——柯罗文十五年前描述的那张光洁的脸现在留起了胡子，戴着眼镜——他们不知道该说些什么：

……他看着我们，有时带着笑容，有时又突然非常严肃地、有点不大自然地捻着胡子，把夹鼻眼镜往上推，接着就端详起为演《安提戈涅》而制作的"古"壶。

安东·巴甫洛维奇在回答问题的时候，说的话有点出人意料，似乎答非所问，或是内容空泛，叫人捉摸不透他是当真的，还是在说笑话。然而这只是乍听起来是这样，接着马上就会觉得，他那句似乎是随口而答的话开始渗入你的脑子和心里，而你也就通过这好不容易才看出的特点逐渐地认识这个人的本质。[1]

返回雅尔塔前，契诃夫去看了另一部克尼碧尔主演的戏剧，并留下了深刻印象；他在给苏沃林的一封信中承认，她的表演让他感动不已，如果他留在莫斯科，他会爱上她扮演的角色。后来，在一次次会面和互通情愫的通信中，克尼碧尔和契诃夫之间的关系逐渐开花结果。

尽管以上两种描述之间存在时间跨度，但请注意克尼碧尔对契诃夫明显的羞怯和起伏不定的性情的描述，如何与柯罗文对他学生时代的描述

---

1 《同时代人回忆契诃夫》，第733—734页。

相呼应。

▷ **如果你认识某个人已经很久了，请停下来，
花点时间关注其长期特征，并描述此人的习
惯性手势。**

　　克尼碧尔还注意到契诃夫的坐立不安。他在
谈话中似乎有点不和谐。其他人也曾经发现他看
起来心不在焉，就好像他在与人互动的同时也正
在转向内心，投入故事创作。

　　契诃夫的母亲叶夫根尼亚回忆起他的学生时
代："早上安托沙坐在桌旁喝茶，然后突然陷入
沉思；他有时会直视别人的眼睛，但我知道他什
么也没看见。然后他会从口袋里掏出笔记本，飞
快地写起来，之后又再次陷入思考。"他的妹妹
玛莎将一生的大部分时间都用于支持契诃夫的工
作，后来则用于缅怀他。她也描述过，当沉溺于
构思一个尚未完成的故事时，契诃夫在身体上会
发生哪些转变：

　　他走路的方式和声音都变了，有种心不在焉
的感觉，还经常胡乱回答问题。这些时候他通常
看起来有点古怪。这种情况一直持续到他开始写

作的那一刻，他又变回了原来的自己：显然主题和意象现在已经完全成熟，他的创作紧张也即将结束。

　　作家不只是暂时受到创造性的心神恍惚影响，有些人的身体还携带着工作带来的长久印迹，从手腕、肩膀酸痛到视力减退。

　　现在，开始考虑你自己的项目吧，思考一下工作如何在人们的身体上打上记号，无论是像契诃夫那样的工作活动，还是更重的体力劳动。以下是西敏司在他的一本生活史著作《甘蔗工人》（Worker in the Cane）中首次介绍主人公唐·塔索时的叙述：

　　我记得那天下午塔索的样子。他身材瘦小，手臂肌肉发达，晒得黝黑。他的手看起来几乎是怪诞的，因为他是一个骨架很小的人，手看起来却属于一个体重和体型有他两倍的人。他的脸上满是皱纹；后来发现他实际上有多年轻时，我为他年龄和外表之间的差距感到震惊。他的牙齿一颗不剩了，口中是一副镶嵌黄金的假牙，做工相当糟糕。他穿着一件白衬衫——在波多黎各，这种装扮是工人在休息日的一种尊严的象征。他还戴了一顶相当整洁但破旧的米色浅顶软呢帽，穿了鞋，没穿袜子。

请注意西敏司使用这些生动的身体细节的方式，他简明扼要、准确地呈现出身体如何携带着体力劳动的痕迹，以及着装如何体现人的社会阶层。

▷ **描述一个人的身体，指出其上那些来自职业与他或她从事的活动的标记。**

身体会变化。熟悉契诃夫的人对他的日渐虚弱感到震惊，结核病愈来愈严重了，他往日那副英俊相貌已不复当年。他的著名短篇小说《带小狗的女人》中有一个场景深刻地指出了岁月痕迹的巨大力量。它写于 1899 年，那也是契诃夫和克尼碧尔展开浪漫恋情的时期。小说里有一幕是冬天的一个时刻，在莫斯科一家旅馆房间里，已婚但仍在追求女人的德米特利奇·古罗夫站在镜子前，双手放在他年轻的已婚情人安娜·谢尔盖耶芙娜那温暖的肩膀上，他正在安慰她。当他们在雅尔塔的一个度假胜地相遇时，他开始了这段恋情，仅仅是为了打发时间。几个月后，当他观察自己的影子时，"他不由得感到奇怪：近几年来他变得这样苍老，这样难看了"。而且，"直到现在，他的头发开始白了，他才生平第一次认真地、真正地爱上一个女人"。读到这些句子时，很难不去想它们是否呼应了 39 岁的契诃夫在他年轻爱人的肩膀上瞥见自己镜中面容的那一刻。而且，这段话提醒我们，在以精妙技巧讲述的故事中，即使是一句相当简洁的描述也可以构成强有力的画面。

芭芭拉·迈尔霍夫（Barbara Myerhoff）在她关于加利福尼亚州威尼斯海滩的一个犹太老年人养老中心的民族志作品中，用令人难忘、富有同情心的细节描述出衰老对身体的影响。她于 20 世纪 60 年代末到 70 年代初完成研究，研究过程中，她接触的老年人里有一位是退休裁缝，叫什穆埃尔·高曼，与养老中心的其他人相处得不太融洽。当时什穆埃尔八十岁，他的妻子丽贝卡七十四岁，迈尔霍夫是这样描述他的：

　　时间让他的面部轮廓更尖锐了，削掉了所有不必要的皮肉。嘴唇是一条细细的线，眼睛深陷且靠得很近，没有白内障或青光眼带来的阴翳。他对笑容相当吝啬，很少能见到他笑。他的头发、耳朵和颧骨则很有生气。牙齿参差不齐、污迹斑斑，但每一颗都是他自己的。我喜欢它们，并意识到其他人那惊人洁白的假牙是多么让我沮丧。脖子上突出的血管将他那巨大、没什么头发的脑袋连接在他轻快、整洁的身体上。

丽贝卡来到沙发边，坐在什穆埃尔身旁。她的牙齿也是真的，和他一样。她也没有那些让许多老年人乍一看很像的装备——厚重的眼镜、助听器、全套假牙。丽贝卡同样身材矮小，精力充沛，背挺得很直。甚至他们二人的手也一样大，手背上布满褐色斑点；手指没有因关节炎而弯曲。

注意这些描述如何建立起某个特定文化背景下特定年龄段的人的外貌，同时还指出了什穆埃尔和丽贝卡外貌的独特性。

▷ **描写某个人的外形外貌，注意将其放置在某个特定环境中，与性别、年龄类似的其他人作对比。**

人们并不总愿意透露自己的确切年龄。你可以试试运用间接手段，给出人的大致年龄。你并不总是需要给出具体年份，而是可以把细节塞入描述之中——太阳穴上的灰色皱纹、阅读时戴上一副老花镜、可能伴随整容手术出现的那种带着惊愕的凝视、成年子女和孙子孙女的存在，以及对往事的回忆。

以物讲述生活

一个人珍爱的物品能揭示出其人生历程和价值观的各个方面。迈尔霍夫描述了什穆埃尔如何向她展示他用意第绪语写的一首诗，开头是："上帝最伟大的发明，/一根小针，/谦逊、聪明又敏捷。"他认为裁缝的工作既是一种将他与其他人联系起来的侍奉，也是一种表达他自己的创造性才能的方式。他说，正是因为有像他这样的犹太裁缝在，不太富有的美国人也能买得起大衣。他分享了自己的工作理念："无论你在一家好店铺还是一家糟糕的店铺，缝纫时，你自己的头脑必须要活跃起来……外部条件不重要。你得从深处找到力量，得去寻找一种表达自己的方式。"还有一次，他说：

没有开始也没有结束，一旦一个故事讲了出来，它就在脑袋里成长。就像一根针进进出出。你的手指中间捏着一根线。它到达衣服，到达手指，到达穿这件衣服的人的身上，所有这些可都是相互联结的。这才是最重要的，而不是你所做的是否能赚到钱。

▷ **你所写的人如何描述对其自我感知至关重要的那些物品的意义？这些物品如何将此人与其他人相联？**

什穆埃尔与裁缝工作之间的联系如此紧密，以至于在他去世后，他的朋友阿比·贝德曼将什穆埃尔本人比作一件制作精良的衣服，也比作一根针。他说：

什穆埃尔就像一件精美的斗篷，哪儿都缝合在一起，缝合得很好，结实，布料不精致但也不廉价，经久耐用。他也像一根针——锋利、实用、敏捷，必要时，也会刺人。

当有人可以提供如此雄辩的描述时，这对民族志学者来说是多么好的礼物！这也是一个响亮的提醒：要注意仔细倾听人们如何描述彼此，将他们的话结合到你自己的描述中。贝德曼借鉴什穆埃尔·高曼的职业作出了比喻，那么，我们也可以从以下提示开始练习。

▷ **将一个人与一种与其一生的工作密切相关的物品作比较："……就像（或不像）一个……"**

简单地列举出一个人的物品也能创造一种强大的累积感。例如，我想到詹姆斯·艾吉在《现在，让我们赞美伟大的人》一书中列出的清单，他以清单记录了大萧条时期阿拉巴马州三个贫困佃农家庭的生活。他按照房间顺序逐个列出物品并描述，也一一描述了家庭成员的穿着。但我的看法是，列表要少，才能有效：如果读者看到一个又一个列表，那可就需要一位极为才华横溢的作家才能维持住读者的兴趣了！大多数情况下，将细节作为叙述逐渐展开的过程中的一部分，效果可能更好。

在我环顾四周，想要寻找一段背景中含有"衣物"或"室内装潢"等要素的描述来设计下一个提示时，我想起了年轻时自己写过的一个场景。印度西部的一位老圣人斯瓦米吉正在讲述他的人生故事，他所侍奉的神是母亲女神（Saptashring Nivasini Devi）——一位大眼睛、肤色似珊瑚一般的十八臂女神，多年来他都居住在祭奉她的山顶寺庙附近：

> "你从小就是这位女神的信徒吗？"这是我的开场白。斯瓦米吉靠在床边墙上，双腿搁在他面前的脚凳上，头的上方垂着粉红色的蚊帐。我坐在他脚边的地板上。他越过我看向对面墙上的祭坛，那里有一幅母亲女神的彩色照片，一双他的古鲁（Guru）的银凉鞋，一张他的古鲁的照片，一个刻有代表女神的几何图形的银色方块——以及，在斯瓦米吉随性的独创设计下，祭坛上居然还有一架地球仪和一面斑驳的镜子。向祭坛鞠躬时，我先是头撞上了"非洲"，然后又突然面对着镜中那片珍珠般的薄雾映照出的自己。
>
> "哈？什么？"他花了一点时间来消化我的问题。

我还记得自己读研究生时描写这个场景时的感受，当时我试图通过令人惊讶的场景来传达斯瓦米吉那种滑稽而古怪的随性：床前的脚凳，蚊帐薄纱般的粉红色罩篷。由于他接下来讲述的人生故事主要涉及他对精神意义的追求，因此，描述那些对他来说神圣的物品是有意义的，这些物品是他特别挑选出来、放在祭坛上的。

▷ **列出与你要表达的主题相关的那些属于此人的物品。再写几句话，说明这个人与它们的关系。**

内心传记

在某个人的生活中，处于核心位置的"想象性项目"是什么？它可能是此人赖以谋生之道，也可能与生计毫无关联。在一本较早的关于人类学家田野调查中"关键报道人"（key informants）的人物特写合集中，人类学家维克多·特纳回忆起他在当时叫罗得西亚、如今位于津巴布韦的地方结识的朋友穆乔纳。特纳介绍说，他在一条尘土飞扬的路上遇到了穆乔纳，一个"在我们身边神采奕奕地行进的老侏儒，皮肤黝黑"。当特纳向他询问有关药物的问题时，穆乔纳"爽快而详尽地回答，带着真正的狂热信徒才有的明亮目光。他声音洪亮，传达信息时像学校老师一样权威，讲故事时像喜剧演员一样富有表现力"。尽管穆乔纳是另一个部落的奴隶的儿子，有酗酒倾向，在恩丹布社会处在边缘位置，不过他对恩丹布的治疗仪式非常熟稔。（从这篇对穆乔纳的描述可以看出，特纳关于恩丹布仪式与象征主义的精彩研究在很大程度上与穆乔纳的阐释有关。）正如特纳所写：

> 总的来说，他的人格模式，表现在他对仪式的描述和解释中，以及他用来修饰它们的手势、表情和短语的细微变化中，这就像一位诗人与他的诗之间的关系。因此，从某种意义上说，穆乔纳的仪式历史就是他的内心传记（inner biography），因为他在仪式中找到了最深切的满足。

▷ 使用"内心传记"的概念，你是否能指出一个人在生活中"创造性地参与"的项目所具有的重要主题？

契诃夫似乎在《带小狗的女人》中也暗示了类似的断裂：当古罗夫在去与安娜·谢尔盖耶芙娜幽会的路上送他的女儿上学时，他意识到，他周围的人所了解的那种他已婚、有着职业生涯的体面生活只是一个外壳，其下隐藏着更重要的东西。评论家詹姆斯·伍德优美地表达了这一点："在契诃夫的世界里，我们的内在生活有其自己的速度……在契诃夫的作品中，自由的内在生活撞上了外在生活，就像两套不同计时系统的冲撞，儒略历撞上了格里历。"[1] 小说家可以自由想象并描述这种内心生活，民族志学者却不得不受限于人们选择去呈现的生活，就像古罗夫的熟人们看到的那样。

契诃夫本人的"内心传记"似乎在他那富有同情心的作品中得到了部分揭示。我们无法完全确切地了解他的内在。那些铭记他的人确实将他的写作描述为一种塑造了他外在生活的活动：即使身旁有人陪伴时，他似乎也可以退到内心，独自沉思；当太多来访者带着要求出现时，他会躲到隔壁房间；当某位女性与他变得过于亲密时，他就开始拉开距离。反过来，社交关系也塑造了他作为作家的生活。他完全可以是合群、迷人、风趣的，他能够恶作剧，与人调情，时常是荒诞

---

1 《破格：论文学与信仰》，詹姆斯·伍德著，黄远帆译，河南大学出版社，2018 年，第 122 页。

故事的鉴赏家，或作为主人接待形形色色的访客。

作家亚历山大·库普林描述了契诃夫日常生活中的这种张力。当时，契诃夫的健康状况每况愈下，这迫使他离开寒冷的莫斯科，前往气候宜人的雅尔塔。库普林回忆说，在夏天，契诃夫会起得很早，穿着打扮无懈可击，开始在书房里工作。晚些时候，会有一批又一批来访者打乱他孤身一人的创作状态，其中包括不少女性崇拜者（借由一部关于一种名为"安东斯卡"［antonovska］的晚熟苹果的戏剧，她们得名"安东诺夫斯基"［antonovski］）：

显然，他最好的工作时间大概是从早晨到午饭前，不过似乎谁也没有看见过他写作时的情景，因为在这方面他是异乎寻常地怕羞和不愿见人。有时在晴暖的早晨也可看到他坐在房子后面的一张长椅上，那里是别墅里最幽静的地方，沿白粉墙放着一排盆栽的夹竹桃，还有一棵他亲手种的柏树。有时候，他在那里一坐就是一个多小时，独自一人，也不动弹，只把双手放在膝上，看着前方的大海。

中午前后，客人们陆续到他家来了。这时候

别墅靠马路一面的铁栏杆旁边站着许多戴宽檐白毡帽的姑娘，她们张着嘴，站一两个钟头都不愿离去。来见契诃夫的有各种各样的人：学者、文学家、地方绅士、医生、军人、画家、慕名求见的男男女女、教授、社交界人士、议员、神父、演员——形形色色，不一而足。有许多人是来请求指教的，有的是来托情求援，更多的是来请他看稿子。有来采访的报馆记者，有纯粹出于好奇心前来的访客，也有专门来"指引这个迷途的伟大天才走向光明大道"的人。到这里来的还有要饭的穷人——有真的，也有假的。这些人从来没有被拒之门外。我并不认为自己有权谈论具体的事例，但是我确实知道，契诃夫助人的气量，特别是对青年学生的慷慨，远远超出他的微薄的收入所能允许的程度。[1]

我认为，这些段落之所以打动我，部分原因在于它给出了极端的对比：契诃夫走出书房，面对大海沉思，双手放在膝盖上的那种自足的沉默，以及向他提出要求的那些来访者发出的喧闹之声。这再次提醒我们，对比能够使描述

---

[1] 《同时代人回忆契诃夫》，第574页。

生动。

▷ **继续跟随这个人的"创造性参与"主题，描**
   写此人的两种时刻——独处，以及社会互
   动——并置对比。

　　1895 年，当朋友苏沃林催促他结婚时，契
诃夫回信说，他无法忍受身边始终有位妻子；假
如他住在乡下，而她住在莫斯科倒是可以。"我
一定当一个非常出色的丈夫，"他写道，"但是我
希望我的妻子像月亮，不要每天都出现在我的天
空中。"他还补充了一句："有一个妻子不会让我
写得更好。"他和奥尔迦·克尼碧尔之间形成了
一种时消时长、时密时疏的陪伴关系。他们在
1901 年夏天结婚，之后她继续在莫斯科演出，
而他大部分时间住在约一千多公里外的雅尔塔。
在漫长的分离中，他们给对方写长信。他们都希
望有孩子，但这并没实现。

　　当契诃夫的身体最终被结核病的并发症压垮
时，克尼碧尔正在德国的度假胜地与他一起疗
养。她回忆了他们在一起的最后一天，包括契
诃夫著名的临终遗言："我很久没有喝香槟酒

了。"[1] 当时是一个夜晚，医生急匆匆来到，同时到达的还有一杯香槟，这是一位医生对另一位垂死的医生在表示尊敬。克尼碧尔描述，契诃夫对她微笑，说了那句话，喝光了杯中的冰镇香槟，身子向着左侧躺下，死去了。

非人之人

克尼碧尔还在叙述中提到，在契诃夫咽下最后一口气之后的寂静中，有只黑色的大飞蛾突然冲进房间，对着灯冲撞不止。她描述了这个场景，没有给出进一步诠释，作为一名人类学家，我不禁想到，在有些文化中，这只飞蛾可能被视为契诃夫精神的对应物。许多文化将人格品质赋予非人类别的存在：神灵、精神、动物、植物、物品、自然景观、制度，甚至疾病。民族志作者可以采用与它们互动者的视角来呈现这些"非人之人"（nonhuman persons）。

以下是来自凯伦·麦卡锡·布朗（Karen McCarthy Brown）的《萝拉妈妈》（Mama Lola）

---

1 《同时代人回忆契诃夫》，第 749 页。

的选段，描述了纽约布鲁克林的一名巫毒教女祭司。在阵亡将士纪念日周末[1]举行的阿扎卡（Azaka，是一种 lwa，即巫毒神灵）的生日聚会上，萝拉妈妈（她也叫阿罗德兹）带领包括她女儿梅格在内的一群崇拜者召唤阿扎卡。这是仪式能量最高的时刻——阿罗德兹唱歌、跳舞、向祭坛敬礼。终于，阿扎卡来了：

　　她的身体颤抖着，抽动着，放松了片刻，然后又疾速抽动。这些动作标志着神灵和阿罗德兹的大守护天使（gwo bònanj）之间正在斗争，后者通常"在她的头脑中"存在。当神灵赢得这场争斗时（几乎总是如此），守护天使离开身体，游荡流浪，就像它在睡觉时经常做的那样，而阿罗德兹成了神灵的坐骑（chwal）。有几个人围着阿罗德兹，帮助她，但他们的动作并不急迫；没有人认为她处于危险之中。事实上，房间里的许多人似乎都没有特别注意她，好像这些事件一点也没有不寻常，并不值得注意。

　　她的鞋子被脱了下来，两只胳膊下各有一个

1　阵亡将士纪念日（Memorial Day）是美国的假日，时间是每年五月的最后一个星期一，它与此前的周末共同构成一个"长周末"假期，被称为"阵亡将士纪念日周末"。

人搀扶着，脖子上系着阿扎卡的蓝色围巾。阿扎卡已稳稳地坐在他的马背上的第一个迹象，是他那尖锐的鼻音："呜呜呜……呜呜呜……呜呜呜！"梅格伸出手去，拿起那件为阿扎卡特制的宽大的蓝色牛仔衬衫，费力地给他穿上。然后她为他戴上草帽，把他的草编挎包（*makout*）挂在一边的肩膀上……

"晚上好，兄弟。晚上好，小表弟。"（*Bonswa, Kompè. Bonswa, ti Kouzinn.*）阿扎卡带着农民说话时特有的浓重鼻音说。然后他从草帽帽檐下略带胆怯地环顾房间。

请注意当萝拉妈妈的身体变成阿扎卡骑到现场的"马"时，布朗是如何改变代词的。服饰的改变加强了转变，布朗还展示了萝拉妈妈强硬的个性和通常的说话风格如何为一个胆小的男性农民取而代之。

▷ 描述一个"双重身份"的时刻，某人既是你认识的人，又是另一个人，例如表演中的角色、神灵、灵魂、虚拟"化身"。注意手势、道具、声音的变化。

与此相仿，拉内·韦尔斯莱夫在《灵魂猎人》一书中描述了西伯利亚的尤卡吉尔人（Yukaghir）如何看待人类、动物和灵魂之间的摹拟，打开了"人观"（personhood）的界限。这本书从一名尤卡吉尔男子打扮成麋鹿开始，他还带着枪接近一只雌性麋鹿：

看着老斯皮里登来回摇摆着自己的身体，我有些疑惑，我看到的究竟是一个人还是一头麋鹿。毛竖着的鹿皮大衣，帽耳突出的帽子，雪橇覆盖着麋鹿的平滑的腿皮，当在雪地上移动时声音特别像麋鹿发出的，这使他像一头麋鹿；但是，帽子下他脸的下部分，有着人类的眼睛、鼻子和嘴巴，手握来复枪，这使他像一个人。因此，斯皮里登没有完全放弃人性。在某种程度上，他具有双面属性：他不是一头麋鹿，但也是一头麋鹿。他在人类与非人类之间占据了一个奇怪的位置。

一头母鹿带着幼鹿从柳树林出现。两头鹿突然伫立不动，母鹿引诱地上下摇头，我们对此有些不解。但是，当斯皮里登靠近时，她（母鹿）被这头假鹿迷倒了，毫无顾忌地带着幼鹿奔向斯皮里登。说时迟那时快，斯皮里登举枪射杀了这两头鹿。事后他解释说:"我看到两个人跳着舞靠近我。唱着歌的母亲是一个美丽的少妇,她说,'亲爱的朋友,来吧,我会挽着你进我的房间'。就在那时,我杀了她俩。如果我随她而去,将必死无疑。她会杀了我。"[1]

这段话具有戏剧性的力量,部分来自视角的转变:先是斯皮里登出现在民族志学者面前,然后是斯皮里登在雌性麋鹿眼中看来是何模样,以及斯皮里登说他自己看到了、民族志学家却看不到的东西。

▷ **从某个你自己以外的视角出发,描述一个人既属于人又属于"非人之人"的时刻。**

跨越时间的想象

许多民族志都利用田野笔记作为材料。写作者如何将那些可能从来没有进入笔记或照片,或

---

1 《灵魂猎人:西伯利亚尤卡吉尔人的狩猎、万物有灵论与人观》,拉内·韦尔斯莱夫著,石峰译,商务印书馆,2020年,第8页。

许要依赖于二手资料，但已经在记忆或想象中留下挥之不去的印痕的时刻记录下来？《高谷》（The High Valley）是肯尼斯·里德（Kenneth Read）笔下一本较为通俗的叙事性民族志，记叙了20世纪50年代初期他在新几内亚的研究。在书中，里德大胆地描述了一个他不在场的时刻，事实证明，这对他与高地部落的联系至关重要。他未来的朋友、富有魅力的酋长马基斯当时走进了一个殖民地行政办公室，为部落"申请"一名白人。出于偶然，助理地区行政官办公桌上正好躺着一封来自里德的信，请求协助寻找研究地点。后来，里德为他的研究重现了这个关键的时刻：

我可以想象马基斯带着他那种能为一切事情增添戏剧光环的天分进入办公室。他先是出现在门外，站在门廊上四方形的阳光中。而后，他按照当地礼仪跨过门槛，引起门内官员的注意，轮廓镶嵌在明亮的光轮之中。有一瞬，影子消失了。他动了动手臂，轻巧地举手敬礼，贝壳饰品发出叮叮当当的碰撞声响。后来的几个月里，我夜里独自工作时，他经常以这种方式出现在我面前，蓦然在煤油灯发出的嘶嘶声中现身，整个房间瞬间被他的存在充满。

这段话在想象中的时刻与深刻的记忆画面之间有力地跳转，二者相互加强彼此的力量。

▷ **描述一个人正处在某个你未能亲眼目睹，但后来有所了解的时刻。以"我能想象到……"开头（可以指明你对这一时刻的描述的来源）。**

我们实际在场的时刻也有可能铭刻在记忆中，形成我们不知为什么会一再想起的画面。以下是弗·伊·聂米罗维奇-丹钦科对契诃夫的描述中出现的一个场景。丹钦科同样是位作家，他和康斯坦丁·斯坦尼斯拉夫斯基共同创立了莫斯科艺术剧院（有人认为他和奥尔迦·克尼碧尔也曾关系亲密）。丹钦科首先提出了一条关于要在艺术中将细节贯彻到底的原则：如果在戏剧第一幕结束时出现了一把上膛的枪，那么它在全剧结束前，必须开火。后来人们经常以为这条原则是契诃夫提出来的。契诃夫曾就《海鸥》的剧本征求丹钦科的意见。要知道，这出戏即使在处于剧本形态、尚未上演时，也已经因偏离了传统的戏剧形式而受到严厉批评。丹钦科提出建议，契诃夫则倾听着：

> 我无法解释，当我久久地详细分析剧本的时候，为什么他的身影如此深深印入我的脑际。我坐在书桌旁，面前放着手稿，他站在窗口，背朝着我，像平常一样把手插在口袋里，至少有半小时没转过身来，也没有说一句话。毫无疑问，他在极度专心一致地倾听我的意见，同时好像在同样专心一致地注视着我房屋的窗前花园里发生的事情，有时甚至走近窗口凝视，略微侧转头。这是为了想使我轻松一点，随便地发表意见，不让我因目光相遇而感到不好意思，或者相反，是保持个人的自尊心吧？[1]

对我来说，这段描述令人难以忘怀的力量部分在于它的开放性。丹钦科并没有假装知道契诃夫脑子里在想什么，也没有试图解释是什么让这一刻如此难以磨灭。他没有用单一的解释去涵盖契诃夫其人，去解释他记忆中的这一幕，而是问出了一个问题，让它揭示一系列复杂的原因。

---

1 《同时代人回忆契诃夫》，第 460 页。

▷ 描述一个在你脑海中令你念念不忘的场景中的某个人。注意,你对那一刻的理解最好包括一系列仍悬而未决的问题。

《海鸥》于 1896 年 10 月在圣彼得堡首演。著名的喜剧演员伊丽莎维塔·列夫凯耶娃(Elizaveta Levkeyeva)选择该剧作为庆祝她从艺 25 周年的这一夜晚的首场演出。观众原本期待看到一出喜剧,演出开始后,他们开始大声说话、大笑、咳嗽、质问。另一位女演员后来回忆,她在幕间于后台瞥见了列夫凯耶娃和契诃夫。列夫凯耶娃"以她那双突出的眼睛带着内疚或同情的表情看着他",而契诃夫"坐着,微微低着头,一缕头发垂在他的前额上,夹鼻眼镜滑落了,卡在鼻梁上……两人都没说话"。

契诃夫心灰意冷的姿态能够说明他为何中途离开了剧场,在城市中游荡。第二天他就离开了圣彼得堡,还下决心再也不写剧本了。直到整整两年后,他的朋友丹钦科才坚持让《海鸥》在莫斯科艺术剧院再次上演。这一次,该剧取得了巨大的成功,不过身在雅尔塔的契诃夫没有出席这场演出。他作为剧作家重获声誉。莫斯科艺术剧院继续上演《万尼亚舅舅》(他的早期剧作《林妖》经过彻底修改后，变身为《万尼亚舅舅》），契诃夫还为这家剧院创作了两部新剧:《三姐妹》和《樱桃园》。

一个多世纪后，现在我们能够知道，契诃夫的这些戏剧作品至今仍被阅读、表演和改编。契诃夫的同时代人对他的沉默的描述——站在窗边听着《海鸥》受批评，坐在后台等待《海鸥》开场——再次提醒我场景的力量。如果一个场景能描绘出一个人受困于一个混乱展开的故事中的脆弱感，那么，它会比一份有条不紊地给出事件最终结果的概要更能传达出关于那个人的信息。

~~~~~~

人

用 2 页篇幅——写一个场景，或一份外貌速写——介绍一个人。要包括对此人的外表、举止和社会地位的观察。注意呈现这个人的生活如何受到你感兴趣的中心问题的影响，暗示或点明皆可。

4 声音

　　阅读许多契诃夫的同时代人对他的叙述后，我对马克西姆·高尔基的回忆尤其印象深刻。为什么？我重新读了一遍，试图理解。从第一段起，契诃夫就开始发声了。高尔基首先回忆契诃夫住在黑海雅尔塔度假胜地附近的一个鞑靼村庄时他前去拜访的经历：

　　有一次，他邀请我到库丘克科伊村里去看他，他在那里有一小块土地和一所乳白色两层小楼房。他一边带领我参观自己的"领地"，一边神情活跃地说：

　　"如果我有许多钱，我要在这儿给那些生病的乡村教师设立一所疗养院。您知道，我要造一所明亮的房屋——非常明亮，有宽大的窗户和高高的天花板。我要办一个出色的图书馆，置办各种各样的乐器，还要建造养蜂场、菜园和果园。在那儿可以做农学和气象学方面的演讲，教师必须懂得一切，老兄，懂得一切！"

他突然不说下去了，咳嗽起来，从侧面瞧了我一眼，脸上露出温和、动人的微笑，这笑容总是极其吸引人，而且使人不由得特别注意地倾听他说的话。

"您不耐烦听我的幻想吧？我却喜欢谈谈这方面的事……"[1]

重读这个开头，我发现能从中读出许多含义，比契诃夫直接说出的要多得多。我看到了他的勃勃生机、他的咳嗽、他从侧面看着高尔基的样子、他脸上的微笑。我看到，有一瞬间他那种感受到愉悦的自我意识浮出水面，之后又消散在讲述坚定信念的湍流般的话语中。三十七岁时，契诃夫经历了肺部出血，终于不得不承认自己患有肺结核。他提议为患病的教师建立疗养院，这不仅是在关心教师，也是在关心与他同病相怜的人。（雅尔塔气候温暖，吸引了许多肺结核患者。契诃夫搬去后，其他患者经常请求他帮忙在当地寻找住宿和

1　《同时代人回忆契诃夫》，第 518 页。

医疗。)

高尔基接着记录了契诃夫关于沙皇俄国迫切需要为教师提供更好的教育、更高的薪水的长篇大论。在我手头这本由艾薇·李特维诺夫（Ivy Litvinov）翻译的红色封皮的小书中，这段突然迸发出的滔滔不绝的小演讲几乎占据了两页。不过很快，契诃夫又一次意识到他可能会让面前的听众感到厌烦。他嘲笑自己像一篇激进的报纸文章一样啰嗦；然后，他重新回归当下，提议用茶来回报来访者的耐心。正如高尔基观察到的：

> 他常常是这样的：正当那么认真地、亲切而真诚地谈着的时候，突然会嘲笑起自己和自己说的话来。在这温和、忧郁的笑声中，可以感觉到一个知道语言的价值和幻想的价值的人那种敏感的怀疑。这笑声包含着和蔼可亲的谦虚和委婉得体的分寸感。[1]

如果契诃夫能读到上面这段，他可能会退缩，不仅是因为谦虚。高尔基在文章中后面一

---

1 《同时代人回忆契诃夫》，第519—520页。

个场景里描绘过他的谦逊：伟大的智者托尔斯泰对契诃夫的小说《宝贝儿》大加赞美，契诃夫看起来像发了烧似的，他坐着，脸颊通红，低着头，擦着眼镜，最后回答说印刷的版本出现了几个错误。他可能也会对高尔基过于热烈的语气、堆砌起的这些积极品质摇摇头——认真、亲切、真诚、敏感的怀疑、和蔼可亲的谦虚、委婉得体的分寸感……更不用说温和、忧郁的微笑了！

　　将这两段并置，是为了讨论写作者能够有哪些方式来思考声音——这既包括呈现他人声音的方式，也包括培养自己声音的方式。将"声音"与前一章讨论的"人"分开，或许有专断之嫌，毕竟我们对他人的了解大多来自他们交流的内容和方式。民族志学者通过对话构建文本：无意中听到的话语、有引导的访谈、理论辩论。这些不同的声音能够以直接引用的话语重现，包括录音里和记录下的话语、记忆中的话语、经过翻译中介的话语；或者，声音也可以被转述和改写。民族志学者的声音可以整理其他声音，充当向导和解释者。或者，在合作项目中，民族志学者的声音可能会加入到其他人的声音中。如今，合作性项目越来越普遍了，民族志学者在工作的每个阶段里都可能会争取让他们所写的人物的声音浮现，从最初决定主题，到校订录音的文字转写，再到最终的形式安排。

高尔基将自己作为小说作家、剧作家和记者所磨砺出的技巧运用在这段对契诃夫所谈内容及表达方式的生动描绘之中。我明白为什么高尔基会选择去强调那些最能与他自己理想主义的、朝向革命的心态产生共鸣的陈述。我也在想：有没有可能，高尔基无意中让契诃夫成了他自己对教师悲惨处境的思考的代言人？契诃夫真的会使用以上那些词语，发表一席那么长的讲话吗？没有笔记，没有录音，没有讲话者本人重新介入的机会，人们只能相信作者的记忆力，以及作者在逼真地再现所引述的话语上的天赋。

也许高尔基能让我们相信这确实是契诃夫所说的，因为当他转换到自己的声音时，语气改变得十分明显。高尔基怀着挽歌般的感情写作，这可以理解。毕竟，他的朋友已经去世了。但我不禁想起契诃夫在给年轻作家的第一封回信中如何在热烈称赞高尔基作品的同时，也建议他在描述上、在情感表达上要加以克制："您就好像坐在剧院里看戏的一个观众，任性地表露自己的喜悦，以致阻碍了自己和别人听戏。"[1]不到一年，契诃夫在给高尔基的另一封信里写道，"还有一个意见：请您在读校样时把那些可以删去的修饰名词和动词的字眼删掉。您作品中的修饰语太多，以致读者的注意力难以理解，感到厌倦"[2]。

契诃夫指出了高尔基声音中的两个基本方面，这些方面在我引用的最后一个短段落里能明显看出来：堆积描述以表达愉悦和钦佩，以及过于频繁地使用修饰词。不过，在提出批评建议时，契诃夫也暗示，作家大可以有意识地调整、训练、提升属于自己的声音。本章从介绍表达他人声音的方法开始，结尾则落在培养你自己独特声音的策略上。

---

1 《契诃夫书信集》，"致阿·马·彼什科夫，1898 年 12 月 3 日，雅尔塔"，第 250 页。本书作者称这是契诃夫给高尔基的第一封回信。不过，《契诃夫书信集》中的第 138 封，"致阿·马·彼什科夫，1898 年 11 月 16 日，雅尔塔"比前述信件更早，并且写道："我非常非常高兴，我们俩相识了。"这应是契诃夫给高尔基写的第一封信。

2 《契诃夫书信集》，"致阿·马·彼什科夫，1899 年 9 月 3 日，雅尔塔"，第 265 页。

声音听起来是什么样子？

停下来想想，仅仅是听到某个人的声音就能传达出多少信息。从音色和声音的纹理能延伸出对个性和情绪的感知。下面这个例子仍然来自保罗·奥斯特。父亲去世几周后，他试图回忆父亲的声音：

> 他说话的方式：就好像做出了巨大努力以摆脱孤独，声音像生了锈，失去了说话的习惯。他总是哼哼哈哈，清清喉咙，像在说着支离破碎的句子。你会非常肯定地觉得，他不舒服。[1]

请注意奥斯特如何将声音外在的质感与他推断出的人的内部状态相联系。那么现在，倾听你心中想表达的那个人的声音，不是去听言语的内容，而是倾听这个人给你的整体感觉，以及言语中传达的情绪。

▷ 描述一个人与众不同的声音，从"他／她说话的方式是这样的……"开始写。要包括音

---

1 《孤独及其所创造的》，第39—40页。

色、声调变化、节奏、特有的停顿、手势、带给你的感受等多方面细节。

契诃夫是怎么说话的？高尔基提到了他"深沉、柔和、似乎有点模糊的声音"[1]，聂米罗维奇-丹钦科描述过他"深沉的男低音，听起来又浑厚又清脆"。莫斯科艺术剧院的女演员丽琳夫人说，他对女性十分具有吸引力，有一种"带有温柔抚慰感的男中音"。也有人提到他的笑声。奥尔迦·克尼碧尔描述过他多么喜欢听有趣的故事："他总是坐在一边，一只手托着脑袋，一只手捻着胡子，听到可笑之处就发出感染人的笑声，常常使得我不去直接听说话人的叙述，而是通过安东·巴甫洛维奇来领略故事。"[2]康斯坦丁·斯坦尼斯拉夫斯基描述了拜访契诃夫的情景，当时契诃夫正忙着校订短篇小说集。回头重看笔下的人物时，他"和善地哈哈大笑，这时候他那浑厚的男中音响彻了整个小小的住所"[3]。

大多数时候，这些契诃夫的同时代人无须提及那个不言自明的事实：他们几乎都说俄语。丹

---

1 《同时代人回忆契诃夫》，第 520 页。
2 《同时代人回忆契诃夫》，第 748 页。
3 《同时代人回忆契诃夫》，第 398 页。

钦科将契诃夫的说话腔调描述为"真正的俄罗斯语音,稍带纯粹大俄罗斯的方言,柔和的音调抑扬顿挫犹如轻快的曲调,但丝毫没有感伤,当然谈不上矫揉造作了"[1]。要完全"听到"这种描述,就需要了解俄语的发音,并了解在那个遥远的历史时期,人如何能够通过说话风格识别其所属的社会群体。

描述一种语言的声音特点是一个巨大的挑战。听听民族志学者托马斯·贝尔蒙特(Thomas Belmonte)是怎样描述那不勒斯城市贫民的声音的:

那不勒斯语的发音浑厚、沙哑、低沉。它让女人听起来也有些男子气概。它向外喷涌,粗犷而快速,构成了话语的急流。说那不勒斯话就像播放音乐,一种悠远慵懒的水流般的音乐。即使是最简单、最常见、一再重复的叫喊——"Guagliu', vien''a ccà"(男孩,过来)——都包含着喜庆、渴望和悲伤的复杂协奏。因为这声呼叫从冲动的、喜悦的声音爆发开始,中途陷入恳求,最终在一声低沉哀痛的呻吟中消逝。

---

1 《同时代人回忆契诃夫》,第 447 页。

贝尔蒙特唤起我们所听到的一类声音普遍共享的质地、它与性别的关联、言语的速度，以及由此表达的情感。

▷ 形容某种语言、方言、口音的声音，以"这种声音中有……"开始。这些声音能激发哪些关于阶层或地域的联想？如果将其比作流水，你会如何描述声音的运动形态？

如果你在民族志工作中接触的人说好几种语言，试着描述他们的声音——很可能也包括他们的个性——在不同语言之间转换时发生的变化。或者思考一下你自己在不同语言之间转换时会体验到哪些声音变化。

关键词、关键概念

贝尔蒙特将"男孩，过来"描述为那不勒斯人最常重复的短语。关键词或关键概念是一扇门，不仅通向一种语言中反复出现的声音，而且能抵达一个群体或子群体的价值观，或一个特定历史时刻。以下是作家汤姆·沃尔夫（Tom Wolfe）

在《插电酷爱迷幻实验》(*The Electric Kool-Aid Acid Test*)一书中的一段话,这段描述以作家肯·克西[1]和他的"快乐捣蛋鬼"朋友们为中心:

"玩意"(thing)是海特－阿什伯里[2]最主要的抽象概念。它可以指任何东西,某种主义、生活方式、习惯、倾向、原因、性器官。除了"玩意",还有"怪胎"(freak),意思是风格和痴迷。比方说,"斯图尔特·布兰德是个印度'怪胎'",或者"星座——那是她的'怪胎'",或者仅仅是指打扮奇特的迷幻脑袋(heads)[3]。这不是一个贬义词。不管怎么说,就在几周前,为了嘲弄加利福尼亚州宣布迷幻剂非法的事儿,这些人在金门公园举行了第一次大聚会,就在通往海特－阿什伯里的山脚下。这可是场所有部落、所有团体的聚会。所有的怪胎都来弄了他们的玩意。一个名

---

1 肯·克西(Ken Kesey,1935—2001),美国作家,著有《飞越疯人院》等小说,被认为是联结起20世纪50年代"垮掉的一代"与60年代嬉皮士风潮的人物。《插电酷爱迷幻实验》一书以非虚构形式记录了嬉皮士运动的兴起,肯·克西是其中的主要人物,该书记载了他使用迷幻剂的过程。"快乐捣蛋鬼"(Merry Pranksters)是肯·克西的追随者组建的嬉皮社团。

2 Haight-Ashbury,位于美国加利福尼亚州旧金山市的嬉皮街区。

3 "heads"在这里是"acid heads"的简写,指迷幻剂使用者。

叫迈克尔·鲍恩的迷幻脑袋先开始的，成千上万的人都涌了过来，身着奇装异服，摇铃，吟唱，发了狂一般跳舞，嗑药嗑到脑子都进水了，对警察做出他们最喜欢的讽刺手势，给那些混蛋（bastids）[1]递鲜花，把他们埋在娇嫩的果味儿花瓣里。天哪，汤姆，这太棒了，这些怪胎可真行。

这个段落让我品味汤姆·沃尔夫从解释到模仿的顽皮转向。他先对准了"玩意"和"怪胎"这些词语，呈现出他所描述的社会群体的时代精神气质，然后说明在大聚会中"怪胎会做什么"，以及这些行为的意义。同时，他滑入了迷幻语言的汪洋之中，用嬉皮士的词汇展示在 20 世纪 60 年代晚期的旧金山做一名嬉皮士究竟是什么样的。

▷ 指出一个关键词，那是人们自己用来描述他们所做的事情时会使用的。以"在____有一个重要的词：____"开头。描述这个词的社会背景，引用至少一位使用它的人的原话。如果这个词有多重含义或意思不断变化，试

1　俚语，同"bastards"，混蛋。

**着捕捉它的各种含义，考虑它如何塑造语境
或被语境所塑造。**

长期以来，民族志学者一直关注语言，为的
是了解人们如何对自己的生活现实加以概念化和
分类。人们使用的关键词至关重要，即使它们需
要经过翻译和解说的中介。但是，如何呈现这些
词涉及一系列的决定，比如，是否应该始终如一
地以当地语言或原本的表达方式来呈现关键概念
和独特表达，让它成为读者词汇的一部分？还是
第一次使用时给出原词，之后使用经过翻译的版
本？如果是这样，是否要给出一份词汇对照表？
我的博士论文后来成了我的第一本书《说书人、
圣徒与恶棍》（*Storytellers, Saints, and Scoundrels*）。
写博士论文时，我经常在正文中以括号标出印地
语单词和短语，以使我翻译的民间故事能够更清
晰。我想让讲故事的圣人斯瓦米吉那种独特的说
话方式给读者留下印象，我也希望懂印地语的读
者能以自己的方式判断他的话。但是 A. K. 拉玛
努扬（A. K. Ramanujan）——才华横溢的语言学
家、翻译家、诗人、民俗学家——温和地指责我
"过于人类学了"。他的诊断是，人类学家出于
"神经质"（a nervous tic）才把原本的语言中使用

的词汇散乱地置于文本中，这样做可能会影响翻译文本的审美完整性。我听着，半是高兴（因为我至少听起来像个人类学家了），半是尴尬，因为我的译文在一位有着高超文学品位的人看来显得过于笨拙。拉玛努扬正是那位建议我把朋友厄米拉·德维·苏德讲的海量民间故事收集整理成一本书的人，这项建议带来的成果便是我的另一本著作，《亏月的星期一》（*Mondays on the Dark Night of the Moon*）。在该书中，我不常使用帕哈里语（Pahari）词汇。有一些词重复出现，比如"*Bas*"，字面意思是"够了"，是苏德讲故事时经常用来作停顿的用语，我认为很重要，就留在了故事中，这样做也有助于保持苏德讲故事的风格。书稿经历了多个版本，我曾一度将其换成英文词"enough"，但后来还是回到了"*Bas*"，它微妙地提醒着读者这些故事是由帕哈里语翻译而来的。

民族志通常会将人们的声音归类。声音的特殊性被扁平化了，服务于人类学家建立一般文化模式的需求，例如"特罗布里恩德人会说……"，等等。但是，当一种**特定的**声音分享它的阐释与理解时，我们就能感知到民族志工作者通过对话逐渐获得文化知识的过程。同时，倾听他人的声

音对于写作过程也很有益处。有时，为了开始写
一本书、一篇论文、一份研究基金申请，我会翻
阅田野笔记，如果能找到某个人以自己的声音谈
论我希望写的问题，我的写作会从引用这句话开
始。如果我格外喜欢那个人，他的话会成为我写
作过程中的陪伴，帮助我度过困难的写作起步阶
段。此外，这样做还能提醒读者——也提醒我自
己——从开头就意识到，也有其他人在关心我正
在写的这个问题。

▷ **有关你正在写的问题，他人有过什么可以引
用的话？引用一段话，只需一或两行，从此
处出发写一份对研究项目的简述。**

　　南希·谢佩尔－休斯（Nancy Scheper-Hughes）
的《没有哭泣的死亡：巴西日常生活的暴力》
（*Death Without Weeping*：*The Violence of Everyday
Life in Brazil*）一书将读者带入巴西东北部城市
贫民的严酷世界。她毫不畏惧地提醒我们，人们
在生活中需要为匮乏和死亡付出多么巨大的代
价，她尤其关注儿童死亡率和母亲对婴儿的依
恋。下面的引文来自一个激进团体中的女性，她
们解释了在她们眼中两种状况的差别：一种是

fome（即饥饿）带来的困苦，另一种则被称为 *nervos*，"一种对疲倦、虚弱、易怒、颤抖、头痛、愤怒和怨恨、悲痛、寄生虫感染…… 和饥饿导致的状态的解释"。谢佩尔－休斯发起了这次讨论，她提出，"很多所谓的 *nervos* 状态在我看来就像饥饿。这是饥饿带来的**神经症状**（nervosness）"：

女人们笑着摇了摇头。"不，你搞混了。"她们表示。"*nervos* 是一回事，*fome* 是另一回事。"比阿特丽斯尝试解释："*fome* 是这样的——有个人像疯了似的来到市场（feira），胃痛、颤抖、紧张，然后她看到眼前出现了斑点和明亮的灯光，耳朵里有嗡嗡声。下一件事就是，她饿得昏了过去。*nervos* 是另一回事。它是因为软弱，或者因为头脑中的忧虑和烦恼。你无法入睡，心跳加速，双手开始颤抖，然后是双腿。你还可能头疼。末了，你腿变软了。它们再也支撑不住你了，所以你摔倒了；你就昏倒了。"

"那么，那种软弱是从哪里来的？"

"那是因为我们就是那样，又穷又弱。"

"又饿？"

"是的，我们也饿……还生着病。"

"所以软弱、饥饿和紧张有时是一回事？"

"不，这几样可完全不同。"

"那你得好好解释一下。"

艾琳急忙插话，帮比阿特丽斯救场："*fome* 从你的腹部开始，上升到脑袋，让你头晕目眩，失去方向感，失去平衡。只要吃点东西，你马上就会感觉好些。颤抖就会停止。*nervos* 可是从你的脑袋开始的，它能传播到身体的所有地方——心脏呀，肝脏呀，腿呀。"

注意谢佩尔－休斯的这段叙述包含了她自己探索性的分析声音，她描述了她如何推动这几位与她交谈的女性作更详细、具体的说明。还要注意，在这个简短的部分中，虽然谢佩尔－休斯清楚地指出是谁在说话，她可从不使用动词"说"。谈话继续进行，几位女性给出更多解释性的评论，在该章中继续列举许多令人震惊的关于 *nervos* 的例子，表明它是一种伴随长期饥饿而来的社会疾病。谢佩尔－休斯总结道："*nervos* 是穷人对他们的身体和耗尽他们的力量与活力的劳动的一种初步的、模糊的，但仍具批判性的反思。"

▷ **写一段较长的拓展性对话，表现人们向你解释一个概念的过程。要把你的问题也包括在对话中。**

　　谢佩尔－休斯这段作品的文体是生动活泼的散文。以重现田野中的声音为目标的民族志学者也尝试过其他文体，例如更接近于转写文本、戏剧，甚至诗歌的形式。

转写对话及表演

　　我们以多种方式重建对话：基于记忆中川流不息的言语，基于事件发生之时的记录或其后补做的笔记，以及录音。初看起来，录音似乎能最全面、准确地传达话语。将这些技术充分结合可以弥补每种形式的内在弱点：记忆和笔记能够提供背景和未形诸语言的内容，譬如手势、听众、周围事件，而录音可以提高精确度。但是，转写绝对是另一个挑战！

　　面对每一个小时的录音，我至少会为转写留足四个小时。是否要把每次停顿、错误的开头、中断、犹豫——例如"嗯……""比方说……"

"你知道的",还有"是的""比如""你懂吗?"——都包括在内?语言学家和社会语言学家可能希望保留对话的微小细节以供分析。不过,如果你主要关心的是谈话内容,那么,将日常语言的杂乱状态保留在转写文本中只会分散读者的注意力。你可以概括说话的风格,然后删除不必要的繁冗表达。无论你决定怎样做,都需要在某处解释你所做的选择以及原因。如果你的作品依赖于篇幅较长的转写文本和翻译,可以考虑在你作的解释说明中给出一小段与原始表达完全相同的文本,再列一段一字不差的直译,包括停顿和重复,最后再并置一段你的流畅的最终翻译版本。

凯文·德怀尔(Kevin Dwyer)在著作《摩洛哥对话:有问题的人类学》(*Moroccan Dialogues: Anthropology in Question*)中,不是给出对他人言语支离破碎的摘录,而是全面地呈现他人言语;不是切碎并重新排列,而是按顺序呈现;不是让陈述独立于访谈者的问题,而是呈现引导性问题如何激发出回答。从本质上讲,研究工作赋予了研究人员权力,能够限定感兴趣的主题、互动过程、最终结果。德怀尔通过呈现共同创造知识的对话揭示出了这种不平等关系。这样做还能够让访谈人对自己提出的引导性问题负责，无论他或她是有洞见的、麻木不仁的，还是误导性的。此外，这样做的好处还在于能让读者观察到对话的流动，而不是只能看到经过概括的推论，从而使读者参与到对材料的积极理解中来。

德怀尔的书讲述的是 1975 年他在一个摩洛哥村庄与朋友法基尔·穆罕默德的 11 次对话。每次对话都由一个事件促发，德怀尔也描述了这些事件。文字转写通过字体区分内容，"主题"全部采用大写，[1] 德怀尔的**引导性问题**采用加粗斜体，他的辅助评论或进一步问题以普通斜体表示，法基尔的回答则以正常字体显示。以下是德怀尔那年夏天离开村庄前的最后一段对话：

对我的行为的看法……

能不能向我解释一下，在你看来，我在这里做什么？

我的看法是你自己告诉我的，那就是我的想

1　由于中文里不存在大小写的区分，此处译文处理为黑体。
　　——编注

法。你写的就是你理解的事情，你想要理解很多事，这样你才能让其他人，那些你教的人理解。这就是我的想法。

好吧，我问了你很多事。 **在你看来，我们谈论的最重要的话题是什么？你知道，谈到某些主题时，你可能会对自己说："花这么长时间谈这样的事有什么意义？"或者，其他时候，你可能会想："哦，这还真的挺有意思。"**

我嘛，我知道我不关心你的任何一个问题。我知道这些问题是为了你的什么目的，而不是为了我的目的。我会想这些问题，无论小问题还是大问题，我要想一想是因为它们服务于你的那些目的，不是我的。

好吧，你喜欢我问你什么？

对我来说无所谓，你甚至可以问我关于蛇的事。

在这里（就像在其他几次对话中一样），法基尔很有耐心，明确表示他是在逗德怀尔。他也提醒了所有访谈人，提问只能在一定限度上服务于我们的目的。

▷ **转写一次由你发起的对话，调整字体，以区分你的主要问题、次要问题和答案。**

或者，你也可以尝试更戏剧化的形式。（在这里值得提到的是，契诃夫经常鼓励其他作家尝试剧本创作。）人类学家苏珊·塞泽（Susan Seizer）研究印度南部泰米尔纳德邦的性别和边缘化的著作，正是以戏剧形式开头的。她以一段类似于戏剧的对话呈现出她与两位男演员讨论性别的过程：

时间：1993 年 3 月的一个上午，接近中午时分。

人物出场顺序：苏珊·塞泽，美国人类学家，三十出头；P. S. 纳迦日卡·布嘎瓦塔，一位受人尊敬的"特殊戏剧"[1] 演员，七十五岁上下；维亚尔·戈佩尔，他的朋友，另一位出色的演

---

1 特殊戏剧（special drama），泰米尔纳德邦的一种戏剧表演形式，没有固定戏班，演员为每个特殊的演出场所单独邀请。演出时间一般为晚上 10 点到凌晨时分。

员，六十出头。

场景：布嘎瓦塔先生位于印度南部泰米尔纳德邦奥特卡丹（Ottakadai，位于象山旁，在马杜拉的郊区）朴素的单层房屋的前厅。参与者盘腿坐在水泥地上。天很热，门全部开着。布嘎瓦塔先生的妻子在对话中多次进进出出，她正在隔壁的小厨房里做饭。几个邻居家的孩子待在敞开的大门外，站在那里盯着这几个人。

塞泽在注释中解释说，谈话以泰米尔语进行，英语单词用斜体表示，"//"符号代表中断，方括号中的数字表示停顿的长度，以秒为单位。

苏珊·塞泽：你之前说的话让我很感兴趣。你说"男人和女人可能是平等的，但那将是泰米尔文化的终结"。这是你说的吗？

纳迦日卡·布嘎瓦塔：是的。

苏珊·塞泽：但无论怎么样，在保持泰米尔文化的同时，我们必须找到一种方法！必须得有办法让男女平等，同时让泰米尔文化得以生存。

纳迦日卡·布嘎瓦塔：不，不！如今，这种平等已经到来了。

苏珊·塞泽：是吗？

纳迦日卡·布嘎瓦塔：哦，是的，它来了，在办公室里他们都一起工作。谁都一起工作，*男的和女的都一起工作* //

维亚尔·戈佩尔：那是外国的。这就是外国的意思 //

纳迦日卡·布嘎瓦塔：是的，*外国的* //

维亚尔·戈佩尔：这确实是外国文化。

苏珊·塞泽［激动地］：让泰米尔文化存在吧，泰米尔文化持续吧！但是让我们只改变其中的一件事。

［1.0］

维亚尔·戈佩尔：平等可能已经来了，但无论如何，*男士们永远不会放弃他们的位置。*

对话仍在继续。这段摘录应该足以让你了解如何通过对话中的多种声音来表达研究项目涉及的多种观念。

▷ 找出一段对于你的项目而言关键的对话。尝试用一出戏剧的形式来表现。（或者，如果你写的人喜欢其他某种表演形式，就试试那种形式。）

如果人们是在以具有艺术性的口头表达吸引观众的注意力，你的转写就不应当丢失强调、手势、戏剧性停顿的力量。丹尼斯·泰德洛克（Dennis Tedlock）的研究工作使用祖尼语和玛雅语材料，他开创了一种转写口头表达的方法，以传达语言和表演的美学形式。在泰德洛克采用的形式里，每次停顿都会换行，字间的空格表示放慢速度，粗体表示声音变响（较小的字体说明音量在降低），超过 1.5 秒的停顿由箭头符号标记[1]。

以下是来自泰德洛克的著作《镜上呼吸》（*Breath on the Mirror*）的一个例子。在山顶，有三位民族志学者在场的情况下，祭司兼萨满唐·马特奥提供了一个独特的、玛雅版本的亚当和夏娃如何被创造的故事。泰德洛克（在文本中被称为"唐·蒂尼西奥"）从录音带中转写内容，并从基切语[2]和西班牙语翻译而来。故事本身缩进排列，关于讲述的叙事——包括对手势的描述、其他听众的状态、泰德洛克的解释性旁白——则从页面左侧开始排列。这段摘录讲述的

---

1 下文引用的例文中未出现此标记。
2 Quiché，玛雅语系中的一种。

是亚当在睡梦中肋骨被制成了夏娃之后的那段故事。醒来后，亚当"慢 慢 地"意识到她的存在，开始跑起来，同时**叫喊着！**

> **接着**他看见了那个女人坐在那儿，
> 吓了一跳，吓得四处逃窜。
> 然后
> "不 不 不，亚当，不，亚当，你没听说吗？
> 耶稣基督把我留给你，
> 我是你的伴侣。"
> **"噫 噫 噫！你从我身上下来，**
> 离得远一点，"但她只有两根绳子远……

绳索是这些山区特有的度量单位，大约二十码长。

> ……大概
> 两根绳子长或者大概
> 二十码，或者二十
> 我不知道是什么。
> "他很害怕。"唐·蒂尼西奥说。唐·马特奥回答，
> 他很害怕。

"亚 亚 亚

当！当！当！男人，坐下吧，耶稣基督把我留给你，

我是你的伴侣，我是你的伴侣。"

▷ **使用泰德洛克的转写风格去记录一段叙述。大声读出来，看看还需要添加什么。然后邀请另一个人阅读你的转写。再想想还需要添加什么？**

以上三个例子能够提醒我们，为了用印刷文本表现录音设备捕捉到的那些信息，民族志写作者可以使用许多方式。你可以自主决定哪种形式更适合你的项目、你的感受。选择已有形式，或基于现存形式创作出新的形式，都可以。试试与你所写的人讨论他们对转写形式的看法吧。只要有可能，就把你的转写草稿分享给当时说话的人，让他们也感受到你在打磨、润饰口头语言，再加以转写时体会到的那些乐趣。

引用和复述

复制我们周围交织的对话中的每一个字显然是不可行的——甚至连有趣都算不上。在什么情况下，采用转述、意译、复述的方式会更高效？什么时候直接引语不可或缺？在什么情况下，具体说明谁在何时说过什么有可能成为证言，让民族志在原住民的土地权利纠纷等诉讼中派上用场？在什么情况下，逐字逐句的原话引述可能会使一个人或一个群体陷入尴尬甚至危险？这些也是每个项目都需要重新展开思考的问题。

对人类学而言，"生活史"文体最致力于再现他人的真实话语。在这种形式下，人类学家通常会通过编辑、重新排列、将对话置于语境之中等多种方式来改编和改造一个人的口语表达（有时也会这样对待一个人写下的文本）。有些话作为直接引语引用，有些则经概括出现。露丝·贝哈曾描述她如何将墨西哥小贩埃斯佩兰萨的人生故事付诸改造，使其最终得以出版。贝哈提醒我们，如果要将田野调查中得到的材料组合成一个易于理解、引人入胜的故事，就必须运用文学艺术的技巧：

当我解开单词的项链并重新串起它们，当我用优雅的句子和散文段落表达出数小时中漫无边际的谈话，当我截断谈话之流，有时甚至在它真正停止之前很久就在写作中终止它，给它以更具戏剧感的重点，我不再确定我站在虚构和非虚构之间边界的哪一侧。

甚至，早在人类学家的审美选择发挥作用之前，讲故事的人自己的审美和文化习俗就已经强烈地影响了他们的经历被叙述的方式。贝哈展示了愤怒、痛苦和救赎的主题如何影响了埃斯佩兰萨的叙述，她也围绕这些主题组织起她对埃斯佩兰萨的生活、对她自己生活的介绍，以及她所作的阐释性评论。类似地，记录墨西哥裔美国治疗师伊娃·卡斯特拉诺斯的生活时，乔安·马尔卡希对伊娃治疗实践中使用的隐喻印象极为深刻，以至于影响了她自己对于写作方式的选择。在《疗法》（Remedios）一书中，人生故事在一个个章节中逐渐展开，每一章都从伊娃对一项困难的隐喻性表达及她建议的疗愈措施开始。

在《一位韩国萨满的生活和艰难岁月》（The Life and Hard Times of a Korean Shaman）中，劳瑞尔·肯德尔（Laurel Kendall）向我们介绍了一

位女萨满，"永秀妈妈"，她一生中不断地将失望转化为好故事，讲给其他女性听。肯德尔也成了这位萨满一长列临时观众中的一员。肯德尔认识到，"我第一次听到永秀妈妈的故事时，它们已经至少被讲述了两次；在我离开田野后很久，它们还会继续被讲述"。以下是肯德尔回顾她和她的田野助手接近永秀妈妈，并试图开展调查的过程，这是在民族志作品中混合"引用"与"复述"的一个例子：

　　她带着一种饶有兴致的神情回答了我们的问题，以至于我的助手开始咯咯笑着模仿。

　　"你使用节育措施吗？"

　　"我是鸡吗？我能没伴儿就下蛋吗？"

　　就这样，我们继续聊。她十九岁的继子，现在可让人烦恼了！他不想再读书了，她给他买了一头牛养，后来他的姐姐（"那个贱人"）把他引诱出去给她打工。永秀妈妈的牛砸在手里，结果亏本卖掉了。这是她的继子女忘恩负义的最新一项证据，为此她仍然感到痛苦。她对自己家庭的回忆则触及一次更早的背叛。她的父亲在一场葬礼后的宴会上被一支看不见的、超自然的箭（*kunung sal*）射中身亡。不过，她可一点也不想他，甚至不愿意想到他，因为他纳了妾，让自己的亲生孩子受了委屈。

注意，以上选段只包括一行来自永秀妈妈的直接引语。然而，那句话传达出她精力充沛，甚至有些急躁的语调，肯德尔在整段对于谈话的简要复述中，都保持了这种语调风格。

▷ 描述一段对话，其中要有令人难忘的直接引语。注意根据那个人的说话风格调整你对此人所说内容的总结。或者，从一系列对话中选择部分作为直接引语，你所作的选择应当构成多次对话中一条明确的交流线索。

以下引文来自保罗·斯托勒（Paul Stoller）和谢丽尔·奥克斯（Cheryl Olkes）所著的《在巫术的阴影下》（*In Sorcery's Shadow*），这是一本关于斯托勒在尼日尔担任巫师学徒的经历的回忆录。

调查接近尾声时，我访谈了一位叫阿卜杜·卡诺的商店主人，他是个矮小的驼背男人，没有牙齿的笑容很有感染力。阿卜杜告诉我，他会说四种当地语言，桑海语、豪萨语、富兰语和塔马舍克语。完成与阿卜杜的访谈后，我走到隔壁，与马哈曼·布拉谈话，他和阿卜杜一样是开商店的。我问他会说几种语言。

"哦，我会说三种：桑海语、豪萨语和富兰语。"

我们谈论语言时，马哈曼问我阿卜杜会说多少种语言。

"阿卜杜说他会说四种语言。"

"哈！我确定阿卜杜只会说两种语言。"

"什么！真的吗？他怎么可能骗我！"我猛地站了起来。

我满脸通红，冲回阿卜杜的店里。阿卜杜微笑着向我打招呼。

"啊，保罗先生。今天想买什么？"

"阿卜杜，马哈曼刚刚告诉我你只会说两种语言。这是真的吗？"

"是的，是真的。我只会说两种语言。"

"你为什么告诉我你会说四种语言？"

阿卜杜耸了耸肩，笑了。"有什么区别吗？"他看了一会儿天空，"告诉我，保罗先生，马哈曼告诉你他会说几种语言？"

"马哈曼告诉我他会说三种语言。"

"哈！我知道马哈曼只会说一种语言。他会说桑海语，仅此而已。"

"什么！"我跺着脚回到马哈曼的店里。"阿卜杜告诉我，你只会说一种语言。但是你刚刚告诉我你会说三种语言。真相究竟是什么？"

"啊，保罗先生，阿卜杜说的是实话。"

"可是你怎么能骗我呢？"

"这有什么区别呢，保罗先生？"

这段交流充满能量，部分原因在于它快速地向前流动。如果这种较长对话中的每一个词都完全按照现实生活中的原样呈现，我们就会错过这个故事的喜剧节拍。有时，要把故事讲得有效，就应该只引用对正在展开的故事重要的那部分对话。

▷ 追踪、重构你通过与不同人的对话而了解到的某个话题的线索，把你自己的反应也包括进去。

停顿、有所保留的表达、遮掩的话语

民族志学者容易依赖于口头明确表达出来的

内容、经过正式解释的内容，但是，谈话中的节奏、停顿、不明言的部分也有其力量。技巧高超的作家能够从那些未明说和隐含的诱人内容中唤起比实际说出的更多的东西。让我们再次回到契诃夫吧。莫斯科艺术剧院的联合创始人、著名演员兼导演康斯坦丁·斯坦尼斯拉夫斯基回忆说，契诃夫的剧作"往往不是通过长篇大论去阐释人物的思想，而是通过停顿、字里行间的含义，或者简短到仅有一个词的回答来表达"。斯坦尼斯拉夫斯基详细阐述过契诃夫在《三姐妹》第一次上演过程中的修改。在早期的草稿中，安德烈这个角色有一段长达两页的独白，描述他眼中妻子的意义。然后契诃夫从雅尔塔发来了最新的修改：

　　我们突然收到一封便函，上面写道，这段独白必须删去，用九个字代替：

　　"妻子不过是妻子罢了！"

　　如果更深入地思索一下，在这短短的句子里包含着那有两页之长的独白所包含的一切。在这一点上，安东·巴甫洛维奇是很有特征的，他的作品总是言语简洁，内容丰富。他的每个词语里都隐含着一系列各个方面的情绪和思想，他不把这些形之于笔墨，而让读者自然而然地去思索。[1]

文化习俗也可能要求避免某些说话方式。西伯利亚的伊瓦尼人是传统上在针叶林地带以游牧为生、驯养驯鹿的牧民，在殖民统治下不得不在集体农庄里生活。他们非常重视在说话时克制情绪。在《驯鹿人》一书中，皮尔斯·维特布斯基观察到：

我听过很多警告，反对随意乱用言语，也要避免过于夸张、用力的表达。人们会讲述大声说话或歌唱冒犯到针叶林的故事。电视进入村庄后，当人们看到电视剧里的人物对着家人大喊大叫，便先是对俄罗斯人，而后是对美国人失去了尊重。尖锐的、无所保留的话语会产生一种力量，甚至会像诅咒一样致命。

这种村庄内的普遍警诫构成了一种警告力量的合唱。以自己的语言重述这一点后，维特布斯基引用了一个村民讲述自己独特故事的原话，构成了另一种叙述的力量：

---

1 《同时代人回忆契诃夫》，第418页。

村里有个人曾告诉我："我和一位农场经理长期关系不好，有一天我听说他正在策划一个新的阴谋来对付我。我气得大声说：'这老杂种怎么还不死？'甚至在当时，我对这些话都有不好的预感。好吧，就在一年后，那个经理快要死了，他派人去找他的儿子，这个人是我儿时的朋友。他的儿子那天本来应该去放牧，但决定要陪在父亲身边。结果，父亲很顽强，没有死，当晚他的儿子反而死了。他的儿子受到了我的话的影响。"

请注意，维特布斯基仅将这个故事讲成"村里曾有个人告诉我"。这个例子不仅指向文化力量，还指向政治等级制度，因为这不是一般的纠纷或背后说坏话，而是反对由政府支持的驯鹿农场的经理。当民族志学者描述的是处在压迫状态下的人们的生活时，过于明确的批评言论可能会暴露政治立场，危及说话者的安全。民族志学者面对的挑战就变成了如何在表达这些立场的同时去保护特定的个体。写作者可以通过模糊的归属、笼统的注释、有意识地更改可识别的细节来保持讲故事者的匿名性。反过来，国家权力可能会支持那些由官方代表讲述的、自圆其说的故事。民族志学者可以引用后面这类话语，同时，通过描述、并列等手段，巧妙地表明说话者或其所采取的立场的虚伪性。

▷ 文化上的限制会如何影响你想要描述的声音？找到一个说话者超越了那些通常的限制的例子，你需要以这个例子说明哪些因素在你的叙述中不宜明言。

在直接对话中显得不合适的感受和主题，有时可以通过其他表达方式呈现。在埃及的一个贝都因社区生活时，利拉·阿布－卢霍德发现，荣誉和谦逊的原则使得人们通常认为表露脆弱感受是不适宜的。然而，这些感受以"蒙着面纱"的方式表达在当地人吟唱的诗歌（ghinnawa）中，那类表达不会损害荣誉或谦逊。她描述了马布拉卡，一位中年妇女，其丈夫刚刚娶了年轻的第二任妻子。他度蜜月的时间比通常要长，然后回到马布拉卡身边，带回来一些家用杂物，可家里需要的东西远比这要多。随即他又离开了：

他带着他的枪走了，去打猎。就在他走开时，她对我说："上次我们见到他是好几辈子

［即'好几年'的意思］前的事了。"我同情地问她是否想念他。她唐突地回答："不可能。你觉得他对我很重要吗？我甚至不问他的事。随便他来还是去。"

片刻之后，她背诵了几首诗。一首暗示她对最近发生的事情感到惊愕，因为他的突然出现；另一首传达出背叛的感觉：

他们总是离开我
留下虚假的承诺……

dīmā khallō l-'agl
'āmrāt bimwā'īdhum……

在这次交流过程中，马布拉卡的婆婆和一位亲密的女性朋友加入了我们。她们自发地为她的诗歌增添成分，说出她们认为她正在经历的事。这些女人以前曾因为她的愤怒反应而责骂或取笑她，但她们通过诗歌表达具有同情心的关切，安慰了她。

阿布－卢霍德继续引用这些妇女在相互支援、同舟共济中唱出的痛苦之诗。她选择在民族志中保留这些诗歌的阿拉伯语文本，让读者能够欣赏这些诗歌在原语言和译文中美学上的紧凑。

借助诗歌，年长的贝都因妇女无须通过直接的表明立场的对话便可表达自我。事实上，人们经常把情感藏在指向共享"传统"的文类中，例如谚语、笑话、寓言、民间故事，从而避免个人承担责任。

▷ **如果你所写的人通常认为某些感受和话题难以言说，请描写他们实际能表达出对这些话题的看法的一个场合。**

　　还可以考虑列出你写作或希望写作的诸种形式。每种形式所受到的限制是什么，又使什么可能被说出？每种形式的潜在受众是谁？了解这一点有助于发展出你自己声音的音域，拓展你所选择的那些表达形式。

培养独属于自己的声音

　　"声音"不仅指口头语言；它还意味着读者能够感知到书面文字背后存在着可交流的对象。你甚至不需要使用"我"这个字，或明确介绍自己，词语的选择、顺序和节奏本身就意味着存在一位持续的见证者、评估者。

在很大程度上，就是因为"声音"不同，有些文字会吸引注意力，让人情不自禁地向下阅读。有的作品看起来就像吞吞吐吐的咕哝、机械的复读、堆砌有声望的名字以及概念的符咒一样不吸引人。

契诃夫曾说过："小狗不应该因为有大狗的存在而慌乱不安，所有的狗都应该大声叫——就按上帝给的嗓门大声叫好了。"契诃夫还鼓励另一位作家，伊万·蒲宁继续写作，无论其他人——比如莫泊桑，其小说契诃夫非常钦佩——展现出多么令人眼花缭乱的才华。（契诃夫敦促蒲宁每天都要写作，并以专业的态度对待写作；蒲宁后来成了第一个获得诺贝尔文学奖的俄罗斯人。）

这种以天生的声音"大声叫"的想法可能暗示了一种信念，即作家只有一种声音；但是，话又说回来，契诃夫写了那么多信给其他作家，提出批评与支持，这肯定说明他同时相信一个人的"叫声"可以有所改善。作家塔·利·谢普金娜－库帕尔尼克——她曾与契诃夫有同一位情人，美丽的女演员莉季娅·亚沃尔斯卡娅（Lidia Iavorskaia）——回忆："他善于满怀兴趣地、深表同情地对待别人的哪怕是最平凡的创作。"他给了她不少建议,比如"热爱自己的人物,但任何时候不要把这一点大声说出来",以及"要避免用那些'现成的词句'和套话"[1]。

有时,我遇到的人——通常是女性——会告诉我她丢失了自己的声音。她会说,这并不意味着她完全不会写作。根据她的年龄,她可能已经成功地写过学期论文、报告、学位论文,甚至一两本书……但她会说,那感觉不像是她的声音。她是以一种她曾经学过的安全的方式写作,而过了一段时间后,她记不起还有其他写作方式了。她乐意完成我建议的那种练习,但她会说,把毫无保留、毫无防备的作品分享出来,她会觉得有风险。随着我们的谈话继续,我通常会了解到,很久以前,她曾写过日记、诗歌、小说。她很想用她自己的声音再次写作,展现真正的自己,但现在……这似乎有点吓人。

恐惧压扁了声音。专业训练压平了声音可能具有的色泽与范围。太多的外在要求阻碍声音流畅淌出,它埋藏在地下如此之深,你可能会忘记它的存在。那么,作为一名写作者,如何才能既

---

1 《同时代人回忆契诃夫》,第 352 页。

忠于自己，又兼顾生活中涉及他人期望和要求的所有复杂情况呢？在接受谋生培训和应对要保住一份工作带来的持续挑战的同时，如何保持自己的声音？

当我开始思考如何写关于声音的篇章时，我想知道受过专业训练的歌唱家的见解是否会有帮助。我想起了希拉·达尔（Sheila Dhar），她是一位印度斯坦古典音乐歌唱家，也是一位充满活力、魅力四射的写作者。我热爱她的著作《咖喱羊腿肉：来自音乐生涯的故事》（*Raga'n Josh: Stories from a Musical Life*）[1]，不仅因为它向我这样的读者介绍了印度斯坦音乐与音乐家，还因为书中她那热情而富有同情心的声音。在书的绪论部分，达尔解释了为何多年来她都会向朋友讲述和复述某些故事，因为"如果我可以分享美好的事情，那么美好的事情对我来说会变得更加美好，而可怕的事情也会更容易忍受一点"。朋友们敦促她写下这些故事，在这样做的过程中，她发现"文字在我脑海中展开画面的感觉就像唱歌一样。它把我带到的那个在脑海和心中所占据的位置，

1　Roga'n Josh，也拼作 Rogan Josh，印度北部克什米尔地区的风味菜肴，由大蒜、洋葱、干辣椒、酸奶、羊肉等制成。

恰恰也是音乐的表现手法引领我到达的那个位置"。她继续描述：

> 对我来说，理想的歌唱动作意味着承认并强化我自己的身份，同时以一种古老的音乐语言规定的严谨方式传达出去。这个理想并非总能实现，但当它实现时，我的音乐话语不可避免地带有发生在我身上的一切的滋味，以及我所经历过的所有情感景观的味道。我祖父胡须的触感，我儿时家中潮湿地下室的气味，我的音乐老师烹饪的香气……

这个令人回味的段落还在继续，开启了书的其余章节即将详细阐述的许多时刻。达尔将她的音乐声音和她的写作声音联系起来，提出了我认为能够发展一个人的声音的三个潜在步骤：第一，找到认识自我的方法；第二，以细心的实践加深这种认识；第三，在所选择的表现手法之内，积累知识、技能和多样性。

那么，作家该如何面对这一切？要认清自我，就需要留出时间，向内看。达尔的一位老师，喜好华丽修辞的长者普兰·纳特（Pran Nath）坚持认为，"你必须首先聆听自己的呼吸，然后聆听它所体现的自我"。当德里其他老师的学生扬帆前行，学习拉格[1]和作曲时，长者普兰·纳特坚持主张达尔需要首先找到自己的声音，在传统的清晨练习中，只唱一个音符——*shadaja* 或 *sā*。她在书中原样引用了他的建议：

> 开始唱你的音符，用呼吸在寂静中画出一条声音线。把它想象成一支光做成的铅笔。如果它动摇了，扭曲了，丢了它，重新开始。你必须一辈子都这样做，每天都要这样做好几个小时，直到你能画出一条完美的声音线。慢慢地，这条线将在你的感知中更加立体，你会觉得它像一条有中间区域、有两侧的宽带。这个……练习会赋予你保持音调的能力，这也意味着不跑调。音调不是一个点，而是一块有待探索的旋律区域。

这段话我一读再读，把那条完美的声音线想象成开放的沟通之流。只有在不断强化对自我的认识的同时，坚持不懈地实践，才能让一条线扩展为一块"有待探索的区域"。这位印度斯坦的古典歌手对声音的孤身探索让我联想到，写作者为了让外界需求不至于影响自己的写作时间，也

---

1 拉格（Raga），印度的一种传统音乐曲调。

会建立各种各样的写作习惯。每位写作者都有自己的练习方法，我将在本书的后记"为活着而写作"中详细阐述。对我自己而言，最有效的做法是尝试每天早上在笔记本上至少手写一页，任何主题都可以。我并不总能做到这一点，但最重要的是，它给了我一种与自己在一起的方式。我发现这种孤独的、内省的写作练习能帮助我整理想法、图像、感受、故事。寻找词语去描述每天内心的波澜起伏，甚至混乱的主题变奏，能帮助我更加灵活、自信地完成面向外界的写作，毕竟，向外的写作是一种面对他人的表演。

经常练习写作、阅读、聆听、表达和表演，这能够培养多元的声音、宽阔的音域。达尔是一位出色的讲故事人，也是位优秀的表演者。在自己叙述时，她能选择音调完美、最为准确的词语；引用别人的话时，她能准确地捕捉语调与举止，模仿别人或模拟印度各个地方的口音。演唱时，她也能完成极为顽皮的模拟——她最精妙的滑稽音乐模仿是一场跑了调的表演，假装自己是一位来自她出身的卡雅斯塔社区的新娘，想要展示自己的音乐才能，却不免荒腔走板。（这次表演让伟大的贝古姆·阿赫塔尔决心说服另一位传奇歌手，音乐大师法亚兹·汗［Fayyaz Khan］

收达尔为弟子。大师也确实被这种故意唱跑调的能力说服了！）

▷ **选择你通过这次项目愈来愈熟悉的一位写作者的独特声音。（这并不需要是一位你钦佩、想要模仿的人。）从其作品中选择你认为有特色的一段，它应当具备独特的韵律和语言节奏。现在，用你自己的语言和声音重新表述你认为对方在这段文字中想说的话。对二者作比较，思考二者之间存在哪些差异。**

　　如果你选择的文本充满学术行话，我建议你去阅读社会学家查尔斯·赖特·米尔斯对他那个时代最著名的学术著作之———塔尔科特·帕森斯的《社会系统》——所作的颇为调皮的介绍。在著作《社会学的想象力》中，米尔斯专门用一章讲述"宏大理论"，帕森斯就是他最主要的例子。在帕森斯密集复杂、难以想象的沉重、深奥的段落后，米尔斯会开始他自己的部分——"**或者，换句话说**"。然后，开始清晰、简洁地进行总结。

　　跟随契诃夫的足迹，也使我找到了弗拉基米尔·纳博科夫的《俄罗斯文学讲稿》。这本书原本是纳博科夫在 20 世纪 40 年代到 50 年代对美国大学生的授课手稿。纳博科夫讨论了那些能够代表俄国文学鼎盛时期（从 19 世纪中叶到 20 世纪头十年）的作家，这一时期与契诃夫（1860—1904）的生命跨度大致相当。纳博科夫以俄语为母语，后来在移民状态下写作，这使他能够以丰富的洞察力讲解六位作家，以果戈里始，以契诃夫的朋友高尔基终。纳博科夫也关心这些作家写作的历史舞台，他指出那个时代作家在政府施加的"必须赞美国家"的压力下写作，也以此对比更早些时候，沙皇俄国的作家如何克服来自不允许批评的政府，以及要求写作带来社会改良的批评家的双重压力，为自己争取写作的空间。

作家总会受到政治环境的影响，无论是有意识地还是无意识地，无论自己是否乐意。例如之前提到过，契诃夫的小说、戏剧、非虚构作品都必须通过沙皇俄国的审查。政府可能要求他修改作品，迫使他删除或更改段落，与此同时，激进的文学评论家也会批评其作品中复杂的人物和不确定的结局未能展现出足够明确的政治立场。

限制也可能来自制度环境。我同时希望反思学术界对"声音"问题的看法。当一位研究生想要培育出自己独特的声音时，他需要了解自己所处的学术委员会中每位成员对此持有什么态度。在争取终身教职的道路上，学者必须密切关注哪些因素能让自己得到更好的综合评估，去选择做必要的、恰当的事。想要发表研究成果，也必须满足特定学术期刊或出版社对于写作语调的要求。在专业领域内生存下去、获得成功，这经常意味着在努力保持个人独特性的同时，要战略性地采取在这个领域内合适的"专业声音"。可是，与此同时，我也相信，如果一个人能够不那么为生计担心，进入另一种创造性空间，对自己的表达范围进行更广泛的实验，这能够反过来让自己发出的"专业声音"更深刻、更丰富。

纳博科夫指出，契诃夫使用的是像普通人那样平常的"普通词汇"。尽管如此，"他还是很成功地传递了艺术之美，给人留下深刻的印象，且远远超过了许多自认为了解文章之美的作家"。以下这个非凡的段落来自纳博科夫，描述了他对契诃夫的成就的看法：

　　他把文字置于同样昏暗的光线下，置于同样的暗灰色中，介于旧篱笆与低云之间的颜色。情绪之多变，智慧之迷人，人物艺术构建之风雅，细节之生动，生命之渐隐——这些契诃夫式独特的艺术特征——被隐约如虹彩般的语言的朦胧渗透着，包裹着。[1]

这段话能够开启思考"声音"的惊人方式：结合对文字、光线、颜色、感官的运用。纳博科夫讨论了契诃夫的短篇小说《带小狗的女人》的艺术性，然后基于这篇小说，概括出契诃夫小说的七个典型特征。其中，第一项特征是："小说以最自然的方式展开…… 是一个人在把他生命中最重要的事向另一个人叙述，缓缓道来，但没有停顿，声音渐稀渐弱。"[2]纳博科夫对契诃夫的欣赏，让我设计出以下这项提示：

▷ 选择一位你欣赏的作家，尝试描述其声音的魔力，从"我欣赏的是……的声音"这句话开始写作。请考虑作者使用的是哪些词汇，通过比喻描述这种声音，并引入色彩、光线、音乐、景观、天气，以及其作品能让你想象什么样的互动形式。

---

1 《俄罗斯文学讲稿》，弗拉基米尔·纳博科夫著，丁骏，王建开译，上海译文出版社，2018 年，第 296 页。
2 《俄罗斯文学讲稿》，第 308 页。

如果你能做到解释清楚某位作家的独特声音中是什么吸引了你，就已经开辟了另一种有意识地发展自己声音的方式。意识到作家声音有多么宽广的奇妙范围，也能够成为你寻找音高、音调和节奏时的灵感来源，帮助你在写作时沉浸于你想要创造的那种声音之中。

〜〜〜〜〜〜〜〜〜〜〜〜〜〜〜〜〜〜〜〜〜〜〜〜〜〜

声音

完成 2 页篇幅的对话，让它表达出你的项目的核心信息或核心观点。（材料可以来自你本人参与的互动、无意中听到的对话或其他人的叙述。）注意多种声音的质地、节奏、语调，包括你自己的声音。

5 自我

2010年4月，一个梦让我得以与契诃夫交谈。

坎格拉茶园[1]里坐落着错落有致的几间小屋。在其中一间，我拨通契诃夫的电话。人们忙于社交，我离开人群，进入一个小房间，把一只老式的黑色电话听筒贴在耳边。桌上的台灯照亮舒适的沙发、一张矮桌、几幅风景画。

"听呀！"我兴奋地告诉契诃夫，"我发现了两篇小说……"两篇都是他创作的；我读出了第一篇的标题和第二篇的情节概述。我提议在电话中给他朗读第二篇。

契诃夫很亲切。我能感受到他在电话的另一端倾听，以几乎算得上顺从的方式接受我狂轰滥

---

1 Kangra，位于印度喜马偕尔邦，喜马拉雅山脉脚下，是印度的主要茶叶产区之一。

炸的热情。但就在我准备开始大声朗读这篇小说时，电话断了。我放下听筒，回到我丈夫肯的身边，家庭聚会正在举行。屏风遮挡着门廊，蟋蟀鸣叫，飞蛾在灯之间飞来飞去。

"看来跟 19 世纪的俄国通电话，线路不太好！"我笑出了声音。

很快，趁契诃夫还在，我打开笔记本电脑，看看是否可以给他打网络电话。我边做边重新想着自己冲动拨号的行为，考虑到长途电话费率，还是用网络电话给他朗诵一整篇小说更为明智。但契诃夫有账号吗？果然！我找到了一个电子邮件地址，上面还有他拇指大的头像呢，手托着腮，坐在桌子后面沉思。

我准备拨通电话。就在这时，梦醒了。

契诃夫的形象在威斯康星的早晨挥之不去。我再次梳理梦中的情节，唯愿自己能带着更周全的考虑，重新进入梦境中的空间。为什么我在梦里如此欢笑吵闹，一定要继续大声朗读他的作品，让对话按照我设定的方式继续下去？倘若我停下来，细心聆听，他原本可能会说什么？这个梦告诉了我什么？我回到现实中的坐标系，意识到自己仍然正在为第四章"声音"和第五章"自我"构思内容，于是，我写下这个梦，对我的丈夫肯重述了它。(在已经忍受了我对契诃夫长达数月的狂热迷恋后,他被逗乐了,怂恿我把这个故事讲给朋友们听,就这样开始——"你听说基伦给契诃夫打网络电话的事了吗?")

我仍在思考由梦境编织在一起的那些联结,它们具有神秘的纹理。喜马拉雅山脚下的茶园很可能是在我的无意识中最接近俄国乡村庄园的地方。我重现了一场梅林霍沃可能会举行的那种夏季别墅派对——梅林霍沃是契诃夫于 1892 年为自己和家人买下的房子,位于莫斯科郊外的乡村。风景画就像契诃夫挂在自己书房里的,由他的朋友伊萨克·列维坦画的那一种。"听呀!"契诃夫似乎就是这样开始许多次谈话的。(有些翻译版本用的词是"往这里看!"。在我热情洋溢地一定要向他讲述他自己写的小说时,我一直都在模仿他。)

我也在琢磨,我究竟是在哪里可能见过那张头像。我开始搜索书房,翻找关于契诃夫的成堆书籍。我在罗莎蒙德·巴特利特选编的《契诃夫的一生:契诃夫书信集》(*A Life in Letters*)封面上找到了这张照片。再次注视坐在书桌前的这位面对镜头、但显然陷入沉思的年轻人,我想知道,这张照片是否能让我瞥见契诃夫的母亲和妹妹描述过的他那种创造性的恍惚状态。这张照片拍摄于 1891 年，也就是他前往萨哈林岛旅行后的第二年。梦境与他的书信集之间的联结让我想到为什么契诃夫在他的信件中总是显得如此"在场"，即使他调皮地游走于不同的人格化身之间。（他的信大多以"你的，安·契诃夫"结尾，但他也会写"安东尼奥""安托万""安东尼"这样的变体，会发明出"席勒·莎士比亚维奇·歌德"这样荒谬的名字，甚至曾经用一种有泻药功能的矿泉水品牌署名。）

巴特利特选编版本的独特之处在于，它提供了一些信件未经审查、删减的完整翻译版本，那些信在契诃夫逝世一百年后才得见天日。她在序言中这样写道："在某些方面，可以说，契诃夫的书信构成了他从未写过的自传。"有人曾问契诃夫是否写私人日记，他声称他有"自传恐惧症"："被迫读到关于我自己的任何细节都是一种最纯粹的折磨，更别提写了。"但他偶尔会作简短的总结——非常简短，有时到了荒谬的程度。他会附上一些事实，有时正说明了他对医学和文学的双重忠诚。在他的笔记中，有一条建议是不要去收集关于作家生活的细节。"当我看书时，"契诃夫写道，"我不关心作者如何谈恋爱或打牌。

我只看见非凡的作品。"

在你自己的作品中，你愿意透露多少你的梦想，或者关于你"谈恋爱或打牌"的事？你愿意保持自己模糊、遥远的存在状态吗？还是，你宁可在作品中成为一个可识别的人物，一种化身，愿意"代表自己"踏出自身受限的生活去与其他人相见？你准备分享自己的哪些方面？这些问题会引发激烈的争论。不同的人对于展示自己的舒适程度不同。此外，你选择的类型和你写作的受众都会定义"合适"的尺度与标准，使你面临截然不同的期待。

如果一篇作品被贴上的标签属于"涉及自我"的类型——例如回忆录、遵循个人经验线索的作品（田野调查、疾病、家庭、职业等）、承担较大生命跨度的自传，那么，读者就已经做好了会在作品中较为明晰地感受到作者存在的准备。此外，"自我民族志"（auto-ethnography），即关于一个人的自我或他所属群体的民族志，如今在对民族志形式感兴趣的各种学科都愈来愈受欢迎了。这个概念背后有多样化的系谱。自我民族志消除了那种"民族志需要依赖跨越文化差异的相遇"的观念，将描述性、分析性的视野转向一个人自己的经历，并将个人经历视为由更大的结构与过程（也包括学术的专业训练背景）所塑造。不过，并不是每位在写作中涉及自身生活且超越了通常定义中田野调查范畴的学者，都会将自己的作品称为自我民族志。

会有许多种故事线将你与你正在撰写的材料相联结。请努力思考：哪些线索可能会帮助读者更加欣赏你编织的这些材料的质感与图案？读者**真正**需要了解的是你的哪些方面——你的背景，还是你的现状的某个要素？用时下流行的俚语说，袒露自我到什么程度是必要的，而什么程度会是"TMI"（Too Much Information）——太多信息了！

生活带给我们许多强大的经验与洞察。并非所有内容都需要进入一篇文本，甚至一类文本之中。你可以先写一本民族志，然后通过自我民族志、回忆录、个人随笔、诗歌等各种体裁重访个人经验。你也可以利用虚构的伪装，在短篇小说或长篇小说中重新利用材料。你可以选择另一种媒介或发明一种新形式。某件事情发生在你身上，这并不意味着其他人会对此感兴趣；你面对的挑战正是如何找到有趣的方式，让读者与这段经历感受到联结。仔细选择你的形式吧，要带着同理心意识到读者有他们的期待，耐心也颇为有限。或许你选择的写作形式带来的风险是它不太能够推动学科或专业内的进步；但同时，它也给了你机会，让你超越被学科界限规定、被职业限制的自我。

叙述

无论是否使用第一人称，写作者的声音都必然暗示着作品中存在着自我，且具有特定的情感。引入"我"，让它像线轴一样滚动起来，有助于展开一根长线，让你能巧妙地缝合多种经验和见解。

与其抛出一个过长的列表，用性别、种族、阶级、民族、性取向、年龄、地区背景等一系列能说明你是谁的明确坐标来说明自己，不如站在你自身之外，想想该在哪里塞入必要的细节，就像作家逐步建立一个有趣的角色那样。为此，你需要培养距离。努力战胜那种想要到舞台中心成为明星的向心力吧。退后一步：想想你是如何通过共享的经验与其他人相联结的，思考跨越差异和不平等的互动。考虑换一种视角会出现哪些新的可能性。

　　我发现，菲利普·洛帕特（Philip Lopate）关于将你自己变成个人随笔中的一个"角色"的建议很有帮助。他建议，带着好奇和娱乐的心态反思你自己是谁；建立你标志性的怪癖、使你显得更富有人性的冲突与矛盾、树立那些能定义你是谁的更大的类别："把自己变成一个"角色"，这可不是深陷于自恋的自我审视，而是帮助你从自恋中解脱的一种潜在方式。这意味着你已经达到了足够的距离感，可以开始全面了解自己。"

　　以下是两项提示，让你开始将自己塑造成一个你正在完成的写作任务中的角色：

▷ 描述出你自己第一次开展你手头这项写作项目时的情况。什么最吸引你？你期望什么？你害怕什么？

▷ 同一时期，你觉得自己在别人眼中是什么样的形象？他们可能会使用哪些范畴和类别来理解你？

　　无论你是否决定要让自己成为读者眼中相当复杂、"圆润"的角色——并不是每一位写作者都想那样做——将自己置于文本中，视自己为正在经历这一切的存在，这总能帮助你在思考中把不同的时刻、不同步骤联结起来。

迈克尔·杰克逊（Michael Jackson）是一位令人钦佩的能灵活自如地完成叙事的人类学家，他同时也是民族志写作者、小说家、回忆录作家、诗人。以下是来自他的著作《在塞拉利昂》（*In Sierra Leone*）中的一个例子——我在书架上翻找能够支持我在这一章中的论点、能够提供好的写作提示时，这本书引起了我的注意。杰克逊描述了在 2002 年，他应朋友塞瓦·博卡利·马拉哈之邀返回塞拉利昂，这时，残酷的内战即将结束。1969 年来到此地做田野调查时，杰克逊就认识塞瓦了，现在塞瓦想请他帮自己写一部自传。塞瓦的弟弟诺亚曾担任杰克逊的调查助手，他的侄子被称为"小塞瓦"。以下是杰克逊抵达拉姆利[1]后的一个场景：

和诺亚分开时已近黄昏。小塞瓦开车送我回旅馆。潮水已经退去，快到阿伯丁轮渡桥时，我请小塞瓦开慢一点，好看一看塞瓦位于海湾入口

1　拉姆利（Lumley），塞拉利昂西部的海滨城市，在塞拉利昂内战（1991—2002）期间陷入战争。

处的老房子。它是另一个战争牺牲品，矗立在一片高耸的芒果树林附近的废墟之中。在外面的泥滩上，妇女和孩子们正在寻找贝壳。我记得很久以前的一个夜晚，我们曾坐在塞瓦房子的阳台上，看着这个画面，就在那时，萝丝告诉我运奴船就是从这里出发起航前往美洲的。这时，小塞瓦打断了我的思绪，告诉我 1999 年 1 月有几十名叛军士兵被带到桥上，草率枪决，尸体就扔在海湾里。

微蓝的暮光笼罩红树林、泥滩和我们脚下蜿蜒的河道，我发现自己在想恐怖和宁静的场景多么容易在同一个舞台上接踵而至，我想起马洛在《黑暗之心》中说的话，当时他和伙伴们在泰晤士河入海处看着日光渐渐暗淡："这也是地球上最黑暗的地方之一。"[1]

请注意，杰克逊用纳入自己的方式，让叙述能在不同时空之间移动。他使用了"我记得""我发现自己在想""我想起"这样的表达，利用历史、情感、文学经典的多重层次使场景复

1　《黑暗之心》(*Heart of Darkness*)，英国作家约瑟夫·康拉德的中篇小说。马洛是小说的主人公，一名曾前往非洲大陆的船员。

杂化。他将描述置于自己目击这一切的感受之中，从而让读者能更好地想象重访一个以极端暴力为标志的地方的那种痛苦。

▷ **让自己置身于一个场景中，描述那一刻的多重想法：你个人的记忆、对一个历史事件的回忆、概括性的见解，以及与它相关的其他作品的联系。**

解释

"那么，你在做什么？"

这个问题一次又一次地向我们飞来，这是一种存在主义的审问。

面对那些对你的材料几乎一无所知的人，以及那些知识渊博的内部人士时，你会如何调整这个问题的答案？哪种回答会引起听众的兴趣，让你能拥有全神贯注的听众？多年来，我发现，关注自己该如何总结一个项目，在它周围缠绕哪些色彩斑斓的丝带，能够教会我一些关于材料的重量、形状和色调的知识。我在对话中选择的故事和概括方式，有时会进入写作本身。

　　如果你找到了一些十分引人入胜的口头表达，它们能帮助你塑造写作中那些方向性的空间——标题、前言、绪论。在借用或改编这些口头表达之外，你还可以试试**展示**你是如何向他人解释你所做的事的，并描述他们的反应。

　　佐拉·尼尔·赫斯顿（Zora Neale Hurston）是民族志学者、小说家、短篇小说写作者、回忆录作家兼剧作家。她在作品《骡子与男人》（*Mules and Men*）的开头几页巧妙地嵌入了对她项目的元评论（metacommentary）。这本书从老师弗朗兹·博厄斯的简短序言开始，其后紧跟着她的开场白，足以说明她为规范性权威寻找讽刺性对位的兴趣："当有人告诉我'你可以去收集黑人民俗传说'时，我很高兴。"她暗示这个人正是很有影响力的博厄斯本人。赫斯顿从几个角度介绍了她返回家乡收集民间传说的项目：引用她用来向博厄斯说明该项目合理性的话；描述她向自己解释为什么在经历了如此之大的改变后，还要回到熟悉的地方去的内心论证过程；讲明她回去**并不是**为了哪些原因（绝不是为了作为一个带着大学文凭和汽车从北方归来的女儿而受到尊敬！）；最后，解释为什么她选择去佛罗里达州的伊顿维尔——在这里能以可靠、安全的方式得到丰富的民间传说和民俗材料。

赫斯顿的第一章从她抵达伊顿维尔开始。许多民族志都会描写"抵达"的场景，在赫斯顿这里，抵达也是重聚。她开车到达城镇时，看到一群男人聚集在商店门廊上玩纸牌。她停下车，大声问候。男人们起初似乎没认出她，然后，B.莫斯利惊呼道："嘿，这要不是佐拉·赫斯顿可就奇了怪了！"他们出来迎接她。赫斯顿展示了他们是如何问她要待多久、和谁住在一起等许多问题的，在这个过程中，读者也就清楚了她的整体研究计划，并了解了她本人。这场交流结束于市长到来的一刻。

"你好哇，心肝。"市长海勒姆·莱斯特从街上匆匆忙忙地走过来，叫喊着，"我们听说了你待在北方的事儿。这次就不走了吧，就一直待在这儿吧，我是这么希望的。"

"不。我是来收集一些古老的故事啊、传说啊之类的。我清楚你们都知道不少，这就是为什么我回家来啊。"

"什么意思啊，佐拉，你是说我们坐在这老铺子的门廊上啥事儿也不干的时候，聊的那些老谎话吗？"B.莫斯利问。

"是的，就是你们讲的那些'老主人'[1]的事儿哇。还有已经上天堂的那些深色皮肤的老伙计。哦，反正你们知道我的意思。"

"啊哈，哎呀，"乔治·托马斯充满怀疑地叫了一声。"佐拉，你来到这儿说的可不就是最大的谎话吗。你觉着谁会想读那些兔子兄弟啊、熊大哥[2]啊之类的老故事呢？"

"很多人想看，乔治。它们比你想的更有价值。我们想在时间还不算太迟之前把这事搞定。"

"什么不算太迟？"

"在所有人都把它们全给忘了之前呗。"

"没那可能。咱们这儿有的老伙计啊，啥都不会干，就知道坐着，聊老谎话，吃吃喝喝。"

"啊，我现在就想起来一个，"卡尔文·丹尼尔斯高兴地宣布，"这故事是关于约翰和那只大青蛙的。"

---

1 "老主人"（Ole Massa），美国南部非洲裔美国人对上帝的称呼。
2 兔子兄弟（Brer Rabbit）源自美国南部非洲裔美国人口头文学中的"英雄骗子"角色，通常以其机智和狡猾战胜其他更大更强壮的动物，尤其是熊大哥（Brer Bear）、狼大哥（Brer Wolf）和狐狸兄弟（Brer Fox）。兔子兄弟的故事盛行于奴隶制时期。——编注

请注意赫斯顿如何通过这次交流给出了当地人对她的研究项目的看法。她展现了自己如何向他们论证有许多人对这些故事感兴趣，并希望在它们消失前收集它们，这似乎是对博厄斯本人的研究项目——拯救正在消逝的文化形式中的残余物——作出了一种颇为顽皮的呼应。随后，她引用了男人们的原话，这些话表达出他们确信故事不会消失，以此颠覆了前述的那种担忧——讲故事的传统并没有受到威胁。

▷ 写一个场景，在其中向你的写作对象解释自己的项目；也可以是向一位受人尊敬的权威人士解释，或是与自己对话。

唤起

任何项目都会唤起先前的经验。如果你的项目需要你回到家乡，那么会有尤其强烈的力量将你引向过去。不过，迥然不同的地方之间形成的对比，也有可能同时唤起熟悉和隐藏的记忆。

阿米塔夫·高希在其综合多种文体的著作《在古老的土地上：一次抵达 12 世纪的埃及之

旅》中，结合了他作为民族志学者、历史学家、散文家和小说作家的技能，跨越时空，描绘出那些一度铸成、后来又不复存在的联结。高希将读者带入过去与现在相互交织的两场研究之旅。他在文件和档案材料中寻找线索，试图挖掘有关一位神秘的 12 世纪印度奴隶的更多信息，这位奴隶的主人是一位穿梭于埃及和印度两地进行贸易的犹太商人。同时，作为一名在牛津大学学习社会人类学的印度学生，他正在埃及村庄中进行田野调查。

他描述了埃及农民如何对他这样一位来自印度的年轻外国人表现出好奇与惊讶，这成为了贯穿全书的有趣线索。有一次，高希还受到了"审问"，"审问"他的是一群因高希的朋友纳比尔的哥哥举办婚礼而聚集起来的男人。纳比尔是一位农学专业的学生，在这本书前面的章节中，他对于高希远离家乡的生活表现出了十分动人的同理心。

婚礼上，中年男人们聚在客室里坐着，他们想知道高希在这里做什么，他怎么学会了阿拉伯语。和往常一样，他们也想听听印度的生活是什么样的。高希想逃出去观看婚礼庆典，但随着夜幕降临，好奇的男人们又把他叫了回来，多聊几句。他们友好地坐在一起，抽着香烟和烧煤的水烟，问高希有关印度文化和习俗的各种各样的问题：人死后会怎样？人们的行为由什么限制？女性接受阴蒂切除术吗？男孩是否行"割礼"，是否经过"净身"？问题转向了高希自身的"净身"，他难以给出回答：

　　我看着周围人的眼神，一会儿是好奇的，一会儿是惊恐的，我知道我没法回答。在我从卧榻上站起来的时候，我的四肢似乎不受意志的控制，撞翻了我的水烟。我挤出人群，在任何人来得及反应之前，我已经穿过人群迅速回到自己的房间去了。

　　我就要走到房间的时候，突然听见身后紧跟的脚步声。是纳比尔，他看起来一脸困惑，还有一点上气不接下气。

　　"发生什么事儿了？"他问，"你为什么这么突然就离开了？"

　　我继续走路，因为我想不出怎么回答。

　　"他们只是问些问题呀，"他说，"就像你也问别人问题；他们没有任何伤害你的意思。你为什么对奶牛、烧死人和割礼这些话题感到那么烦心？这些只不过是习俗罢了；人们感到好奇是很自然的。这些不该是让人感到不安的故事。"[1]

埃及村民近乎人类学家式的好奇心激起了高希的本能反应，一种强烈的逃跑冲动。但究竟为什么？这让他的朋友纳比尔很困惑。本章以纳比尔抚慰人心的话结束，下一章则从介绍高希自己的背景开始：

有时候，我真希望我当时对纳比尔讲了一个故事。

当我还是个孩子的时候，我们住在一个注定要从世界的地图集中消失的地方，就像从报纸上扯下的一页：它是东巴基斯坦，自其于1947年成立之后，幸存了仅仅二十五年，就成了一个新的国家，孟加拉国。没人对它的逝去感到遗憾；如果说它还存在于我的记忆中，这在很大程度上是出于偶然，因为我的父亲碰巧被派去达卡（孟加拉国首都）执行印度外交任务，当时我大约六岁。[2]

1　《在古老的土地上：一次抵达12世纪的埃及之旅》，阿米塔夫·高希著，卢隽婷译，中信出版社，2016年，第174—175页。
2　《在古老的土地上：一次抵达12世纪的埃及之旅》，第175—178页。

　　高希继续回忆他关于达卡的社区骚乱的童年记忆，他想起成群结队的印度教教徒会定期来到外交官住宅区由高墙与外界隔开的花园里避难。他回忆起有一次，一大群人举着火把包围了花园，用他的话来说，这些记忆是混乱且不和谐的，"就像一场草草剪过的电影"，而且音轨奇异地消失了。

　　高希父母的穆斯林朋友报了警，警方驱散了暴徒。一年后，高希在浏览旧报纸时了解到，在达卡爆发骚乱时，加尔各答也发生了一场类似的骚乱——穆斯林遭到印度教教徒的袭击。高希指出了像男人的包皮这样的符号在社区骚乱中的核心地位，毕竟，"男人们因为他们包皮的状况而被肢解"。

　　但在埃及村庄，高希觉得他无法向纳比尔或其他任何人解释其中的大部分背景。他点明了印度和埃及的不同历史经历，并写道："我无法期待他们能理解一个印度人对象征物的恐惧。"那么，审视这些自己产生强烈反应的时刻，不仅能够照亮自己，也能够照亮自我与他人之间的差异。

▷ 描述一个使你产生强烈反应的互动时刻。尝

试挖掘出你做出这种反应的背后原因，包括你记忆中深藏的画面。然后退后一步，思考这与更广泛的共享经验可能会有哪些关联。

高希将自身和他的记忆放置于发生在埃及的这些互动中，这还阐明了他书中一个更大的主题：现实中那些来自历史的遗产。高希还有一部精彩的长篇小说《阴影线》（*The Shadow Lines*），它比非虚构著作《在古老的土地上》还要早数年完成，小说采用了一位年轻学童的视角再现了上述两场在达卡和加尔各答同步进行的暴乱。同一事件在不同的题材和故事中得到重述。

转变

同时作为参与者和观察者，在他人的陪伴下度过日常生活，这能令人在许多层面上获得洞察能力：从对即将写下来的"材料"的理解，到那些不那么有形的身体性知识。在这一过程中，人得到了转变。厄内斯汀·麦克休（Ernestine McHugh）的《喜马拉雅山的爱与荣誉：了解另一种文化》（*Love and Honor in the Himalayas: Coming to Know Another Culture*）是一部不同寻常的田野调查回忆录，部分基于她在大学本科期间受格雷戈里·贝特森启发而勤奋保存下来的笔记。20世纪70年代，厄内斯汀抵达尼泊尔，来到位于喜马拉雅山麓的一个偏远的古隆人[1]村庄，善良、富有魅力的拉丽塔（或者叫"阿嬷"，Ama）与她建立了收养关系。她与阿嬷的家人一起生活了近两年，撰写了文学学士的荣誉论文。后来，在完成更多的田野调查后，她写了博士论文。在这部回忆录中，麦克休使用了一种类似于折纸的技巧，将她在进一步训练后获得的观点折叠进她更年轻时的那个自己的故事。

作为一位渴望融入社会、可塑性很强的年轻女性，厄内斯汀在古隆村庄的荣誉家庭和其他人的积极影响下完成了社会化。他们教她语言，告诉她如何穿他们的衣服，如何像他们一样完成日常工作。她回忆起她的身体如何通过她与当地建筑、陡峭的山路、长距离负重的实践的联结而发生变化：

在古隆村庄，门廊很低，进屋必须微微鞠

---

1 古隆（Gurung），尼泊尔中部的山地族群。

躺。床和垫子很硬，你无法陷入其中。人们的身体动作幅度很小，胳膊和腿紧贴躯干，所以大而随意的身体姿势会显得格格不入。我的身体在尼泊尔发生了变化。待在那里时，我的重心变低了。这使我在小径上上下时能更加稳定，并帮助我在穿笼吉（lungi）或纱丽时能更有效地移动。我的脊背也变得挺直。习惯于头上顶着重物，这使我变得有力气。当一大捆草或一壶水被拿走后，我会感到整个人都升高了，轻盈得仿佛可以漂浮。

▷ **描述你是如何因你的项目而改变的，从"我的身体发生的变化包括……"开始，并将你的叙述置于社会实践中。从此处开始，再转移到你自己其他方面的变化。**

　　背负重物是厄内斯汀与养父，即村长吉姆沃尔（或者叫"阿爸"，Apa）产生冲突的核心。这一天，她头发上系着红丝带，手腕上戴着阿嬷的金手镯，和全家人一起徒步穿越群山去探望亲戚。她作为荣誉女儿前往，也提前在家里接受了关于恰当的亲属称谓的培训，以便在见到亲戚时能正确运用称谓。远方村里的亲戚送给阿爸一份

特殊礼物———一包鹿肉。在他们踏上归程时，阿
爸让厄内斯汀暂时先背上这个又重又臭、流着血
的包裹。在炎热中步行了几个小时后，他们休息
了，然后，阿爸再次把包裹递给了厄内斯汀。他
向她保证这次只会稍微背一会儿，但最终她整天
都背着它。第二天早上，在另一群亲戚的注视
下，阿爸又把包裹给了她。厄内斯汀感到自己受
了欺骗，挨了欺负，独自一人背起背包出发，头
一个到达村里的家。她把包裹扔在地板上，放声
大哭，并且告诉留下的人阿爸让她背着鹿肉走了
多么远的路。然后她冲下山坡，去别处过夜。

　　一天后，厄内斯汀的怒火消退了。她回到家
里，发现阿爸正在屋外织布。他问她是否吃过饭
了，建议她进屋去。进屋后，她吃饱了饭。"这
里和你的国家不一样，对吗？"和她独处时，阿
嬷这样问她。阿嬷告诉厄内斯汀，阿爸因为厄内
斯汀生气、逃跑而感到受伤和难过。之后阿嬷
说，她理解厄内斯汀为何感到受到虐待：当然不
会有人愿意背着一大包臭烘烘的鹿肉。然后，她
从细节中退后一步，阐明了一项潜在的文化逻
辑：为了荣誉，孩子们应该为家里的长辈背负重
物。阿嬷说："像你父亲这样的大人物，自己背
着包，大女儿却自由自在地走来走去，这看起来

不太好。"她接着解释道：

> 从我们的孩子很小的时候起，我们就哄骗他们。我们可能会说："现在，塞莉呀，把它就带到前面的休息处就行。"这样她会同意，并且扛起来。等到了休息的地方，我们就说，"再远一点"，就这样，一直说到我们回家……这里的孩子从小就知道那都是假的；他们会找各种借口不拿起背包，因为他们知道他们不会再把它放下。现在阿爸只是把你当成真正的女儿一样对待，但你无法理解，因为在你的国家，人们不会那样做。

回顾阿嬷耐心地提出这些文化假设的过程，麦克休写道："她能够将她的世界与我的世界进行比较，指出我情感上突然感到失落的原因所在。并且，她通过解释为我创造了一个平台，让我能够站到其上，看见差异。"

不过，倘若不是因为这次误会，阿嬷恐怕不会说得这么清楚。误解带来的情感痛苦可以让一些理所当然的事情变得更加清晰。回顾冲突时刻是一种强大的叙述和分析工具。

▷ 讲述一次痛苦的沟通不畅。谁帮助你了解发生了什么？

重构

原本从未打算成为田野调查一部分的生活经验如何成为人类学理解的源泉？沙赫拉姆·霍斯拉维（Shahram Khosravi）的著作《"非法"旅行者：关于边界的自我民族志》（*"Illegal" Traveller: An Auto-Ethnography of Borders*）是一个强有力的例子。在这本书中，民族志学者与理论、与在相同结构性力量下受制于边界的其他人的经验联系起来。霍斯拉维出生于伊朗，家族祖上属于一度游牧的巴赫蒂亚里（Bakhtiari）部落，这个部落在早期民族志电影《草》（*Grass*）中有所呈现。1986 年，他高中毕业。两伊战争期间，他就像他那一代的许多年轻人一样，面临征兵。家人知道在战争中幸存的机会渺茫，敦促他离开伊朗。在一名人口走私贩子的安排下，霍斯拉维越过边境，进入阿富汗。然而，走私贩子与警方勾结，霍斯拉维被捕，经审讯入狱。一个月后，他保释出狱，回到家人身边。几个月后，通过一个狱友的关系，他得到了胡马雍的帮助，那是一名年轻的阿富汗男子，前来伊朗当建筑工人。

再次告别后，霍斯拉维不知道还能不能再见到家人了。黎明时分，他大口地呼吸附近社区的宁静空气，想象那些即将重复的每日早晨的例行公事：孩子们去上学，父母去上班，隔壁的邻居老妇会前往市场，他们的犹太家庭医生会去诊所。对比之下，霍斯拉维知道自己的离开会是彻底的转折点。

二十年后，那个早晨的记忆仍然唤起巨大的痛苦。我在睡梦中亲吻了我 12 岁的妹妹。我不想看到她的眼泪，那会让我心碎。我父亲留在他的房间里。难以忍受的离别的悲痛使他全身瘫软，无法告别。姐姐后来告诉我，他两天都没有从房间里出来。他不吃饭，也不说话。透过窗户，她们能看到他坐在椅子上，身体前倾，目光注视着地上。后来我听姐姐说他很自责。他，这个"大人物"，猎熊人，一个许多人，甚至陌生人都会前来寻求庇护的人，无法保护自己的儿子。即将送我去机场的哥哥正在车里等待。在我母亲的怀抱里，外面的世界、战争、迁徙、边界、未来、过去都不存在。我呼吸着她的气味，我童年的气

味，这可能是我一生中最先闻到的气味，直到她
向后退了一步，低声说了一句，"走吧！"我跨过
门槛时，姐姐在我身后倒水，这是伊朗人表达希
望旅行者早日归来的仪式。我没有转身，没有回
头。我不能。但上车后，我的目光再也无法从母
亲身上移开。她站在门口，没有哭，避免让我气
馁。但她在颤抖。我知道有场风暴正在摧毁她心
脏的每一个细胞，就像它摧毁我的心脏一样。哥
哥发动汽车，我再也无法呼吸，眼泪夺眶而出。
从那以后，他们就没有停止过逃离。

在这部不长的著作中，霍斯拉维剥开这种强
烈的巨大悲伤，他看到，这成为许多生活被边界
撕裂甚至摧毁的人相互联结的源泉。边界不仅仅
指民族国家之间由警察把守的国界，也包括社会
内部的分歧。

▷ **回想你生命的一个转折点。描述那一刻。考
虑有哪些社会力量在其中发挥作用，也要描
述与这项经历相关的其他人。**

经历了巨大的困难和不确定性后，霍斯拉维
穿越阿富汗，进入巴基斯坦，从那里进入印度，最

终到达瑞典。在那里，他被贴上了难民标签，后来接受了社会人类学训练。在书中，霍斯拉维一再将他的个人经历和研究材料中的故事置于边界、穿越国境者、移民、公民身份等更大的理论框架中。他既用理论来阐明自己的经验，又以经验质疑理论。

▷ **你最强大的体验可能与哪些理论有关？制作一份列表。**

你是希望明示、解释这些理论，还是决定让它们发挥隐含的作用，让读者在有兴趣的情况下将其识别出来？在我看来，这是将一部作品视为自我民族志（意味着读者将更善于分析、更专业）还是回忆录（可能会覆盖更广泛的非专业人士）的主要区别之一。正如霍斯拉维指出的那样，通过展示个人对不公平状况的见证，其作品的体裁也与拉丁美洲被边缘化、被剥夺的人的生命故事文体（testimonio）产生了密切的亲缘关系。

联结

在我的梦里，那个属于契诃夫的活跃的网络

电话账号说明他一直在与我们持续交流，即便是以 21 世纪的技术！ 2010 年 1 月 29 日是契诃夫诞辰 150 周年纪念日，许多出版物和活动共同庆祝这一天。他的戏剧仍在上演，他的小说与信件仍在被阅读，他的小说继续被改编为电影。在关于文学的讨论中，在书籍封面的简介中，契诃夫的名字经常被提起，还出现了形容词"契诃夫式的"（Chekhovian），专门用来描述那些作品在简洁、具有同情心、不那么直接等方面与他相似的作家，或是运用了与其作品相类似的细节的作品。

2009 年，我在一家机场书店的畅销书专柜旁边找到了由理查德·皮维尔（Richard Peavear）和拉瑞莎·沃洛洪斯基（Larissa Volokhonsky）翻译的契诃夫小说集的新译本。在这本短篇小说集里最短的小说之一《大学生》中，有一段话突然跳到我面前，仿佛在对我说话。《大学生》首次出版于 1894 年 4 月。契诃夫告诉朋友，这是他众多短篇小说中自己最喜欢的一篇。像他的许多其他故事一样，它讲述的是一次讲故事的过程。

在耶稣受难日的晚上，一名神学院学生正沿着一条荒凉的小路回家。起初，春天的天气很宜人：鹬鸟在歌唱，他听到沼泽里有什么东西"在发出悲凉的声音，像是往一个空瓶子里吹气"。但是天气转冷了，他觉得冷。由于那天禁止做饭，他也很饿。他可怜巴巴地走着，想到过去吹过同样的风，伴随着"这种严酷的贫穷和饥饿，也有这种破了窟窿的草房顶，也有愚昧、苦恼，也有这种满目荒凉、黑暗、抑郁的心情"。他认为，这些苦难甚至会延续一千年。"想到这些，他都不想回家了。"[1]

大学生看到远处有一堆火，是两个农妇在菜园里生篝火。这是一对母女，都是寡妇，他走近时，她们向他打招呼。他加入她们，在篝火中暖手，想着使徒彼得在很久以前的一个寒冷夜晚也曾寻求过这样的温暖。大学生接着讲述了彼得的故事，当耶稣被审讯和殴打时，彼得与大司祭的仆人站在火边。在三个不同的时间，有人问彼得是否认识耶稣，他说不认识。黎明时分，他回忆起几个小时前，在最后的晚餐上，当他发誓无论如何都要跟随耶稣时，耶稣反驳说，彼得会在公鸡啼叫之前三度否认认识他。记住，彼得走出院子，哭了。"我能想象出当时的情景，"大学生

1　参见契诃夫短篇小说《大学生》，汝龙译。

说，"一个安安静静、一片漆黑的花园，在寂静中隐约传来一种低沉的啜泣声……"

复述完毕，大学生看到两个女人明显被感动了；年长的女人在哭泣，她的女儿看起来惊呆了。当他继续前行，进入寒风刺骨的夜晚时，他的手又变得冰凉。回头看去，还能看到火光。他想，如果妇女们如此感动，那么他告诉她们的话就与现在不无关联："既然年长的女人哭起来，那就不是因为他善于把故事讲得动人，而是因为她觉得彼得是亲切的，因为她全身心关怀彼得的灵魂里发生的事情。"

他的灵魂里忽然掀起欢乐，他甚至停住脚站一会儿，好喘一口气。"过去同现在，"他暗想，"是由连绵不断、前呼后应的一长串事件联系在一起的。"他觉得他刚才似乎看见这条链子的两头：只要碰碰这一头，那一头就会颤动。[1]

契诃夫带着深情观察的这位大学生只有 22 岁。他继续向家走去，想着，即使在悲伤的地方，真理和美是如何指导生活的；他觉得，真与

---

[1] 参见契诃夫短篇小说《大学生》，汝龙译。

美将继续引导生命走向遥远的未来。取代那种沉闷的无意义感和压迫感的，是一种安宁感和广阔的幸福感。

▷ 描述一次打开自我、令人产生联结感的互动。

这个故事与我本人对口述故事的兴趣产生了共鸣，尽管我并不熟悉《圣经》的叙事。我注意到，在耶稣受难日夜晚的俄国乡间，大学生富有同情心地重新想象遥远事件的能力如何唤起了一个众所周知的故事的活力，使其更加明亮、光彩照人。他的复述感动了他的听众，也改变了他自己的观点。以讲故事为媒介，自我与其他的自我相逢，并且每一个人都发生了转变。我还想到，如果说对故事的一再重述形成了链条，那么，契诃夫本人正是将真实的故事讲述者与想象中的讲述者熔铸在链条之中的关键一环。他没有刻意地描述一个清晰的自我，可毫无疑问，《大学生》浸透着契诃夫的自我。契诃夫认为自己是无神论者，部分是为了反抗他专横的、笃信宗教的父亲。但是，他童年时对俄罗斯东正教仪式与故事的高度熟悉感，贯穿在他的许多小说之中。

阅读契诃夫的作品和关于契诃夫的作品时，我不也是抓住了人类传播的长链的一段，跨越时空和语言，走向其他的许多个自我？我对《大学生》这篇小说的重述对于契诃夫原文的词句并不公正，因为我是通过翻译版本经历它的。但是，我如此受打动，又付出努力去表达自己被打动的原因，这使得我也向复述的长链中加入了新的一环。

▷ 写下与你的写作项目相关的一幅画面。在思考项目时，它尤其能够激发你的想象力。

安东·契诃夫，1891

本章是全书中最难写的部分。构思时，我不时去看在我梦中出现的那张照片，并写下下面的句子：

契诃夫没戴眼镜。这时他年仅 31 岁，脸庞宽大，至少看起来是健康的，长着浓眉、乱糟糟的黑发，有络腮胡，也有唇胡。他左手支着脸颊，食指和中指搭在太阳穴上。从照片上看不到他的右手，但从身体的姿势看来，他手里握着一支笔。他向镜头看去，但似乎有些不知所措，正在挑选下一个词……

〰〰〰〰〰〰〰〰〰〰〰〰〰〰〰〰〰

自我

用 2 页篇幅，叙述一个改变你的理解的时刻，它带来的可能是启示也可能是羞辱。不仅描述你自己的观点，还要描述其他人有可能如何看待你。

后　记　　为活着而写作

　　悲伤和快乐是一对真正的兄弟——这是我在喜马拉雅山麓的坎格拉地区完成民族志工作过程中，从当地朋友乌尔米拉吉处学到的一句帕哈里谚语。通过称这二者为"真正的兄弟"，谚语强调它们在相同的日常环境中联系在一起，比堂兄弟、比拟亲属关系更为紧密。有时，在写作或尝试写作时，我会想起这句谚语。写作在与生活平行的文字之流中反映并折射着生活，同时，也正像生活那样，写作过程能让你陷入泥潭，也能让你振作。你或许会发现自己不停旋转，无法前进。你或许困于岸边淤泥中。在少数宁静、沐浴恩典的时刻，你会发现自己与周围川流不息的生活保持一致，词语拽着你向前推进，即使休息时，词语和句子也会前来找到你，就好像在你的脑海里说话——让你急于回到写作之中。

其他作家如何面对这种跌宕起落的写作状态，保持前进？我发现，寻求他人的看法是得到支持、安慰和鼓励的重要源泉。交谈很有帮助，阅读其他作家关于写作过程的评点也很有帮助，无论形式是诗歌、随笔、散文、回忆录、传记，还是一本本关于写作的书。

即使是契诃夫这样充满灵感、目标明确、高产高效的人，有时也会陷于无聊和不确定感中。1891 年夏天，他给苏沃林写了一系列信，如潮水一般时涨时落的信心让我印象深刻——也许我梦见的与我在网络电话中交谈的就是这时坐在桌子旁写信的他。5 月，在他与父母和兄弟姐妹一起租住的避暑小屋，他写道：

> 我在星期一、二、三写关于萨哈林的书，在其他几天里（星期日除外），我写长篇小说，而在星期日，我写短篇小说。我在兴致勃勃地写作，但是，可惜，我们家人口众多，所以我这个从事写作的人，就好比是一只虾，同许多虾一起待在箩筛中，挤得慌。[1]

---

1 《契诃夫书信集》，"致阿·谢·苏沃林，1891 年 5 月 10 日，阿列克辛"，第 151 页。

性情生动、开阔的契诃夫同时以三种体裁写作。之后，契诃夫一家找到了一个面积更大的租赁住所，那是一栋位于杂草丛生的庄园里的老房子，还有空房间，足以容纳客人。契诃夫建立了一种新的例行程序，使自己能够继续这种奔涌而出的创造。正如他的传记作者唐纳德·雷菲尔德（Donald Rayfield）记录的那样："他早上4点起床，煮咖啡并工作，而其他家人会一直睡到11点。醒来后，他们散步、玩耍、吃午饭、采蘑菇、抓鱼、休息。安东在下午3点再次坐下来工作，一直到晚上9点天黑，之后吃晚餐、打牌、点起篝火、玩字谜游戏、辩论关于个人和哲学的问题，以及拜访邻居。"但在8月，契诃夫写《萨哈林旅行记》时向苏沃林抱怨："我还在写我的萨哈林，我感到烦闷，无聊……我简直是活厌了。""有时，"他承认，"我想坐上它三五年，发狂地写，有时呢，在我产生疑惑的时刻，又真想把它一下子抛开。"[1]（几年后，在一段要与写作保持距离的短暂时光里，他对作家莉迪亚·阿维洛娃打趣时给出了一幅更令人惊讶的图像。他说，

---

[1] 分别见《契诃夫书信集》，"致阿·谢·苏沃林，1891年8月28日，包吉莫沃"，第161页；"致阿·谢·苏沃林，1891年8月30日，包吉莫沃"，第162页。

文学界是如此压抑，以至于"现在当我写作或想到我**必须**如何写作时，心里很反感，就好像我在吃刚挑出了一只蟑螂的卷心菜汤，请原谅我这样打比方"。）

这些情绪听起来熟悉吗？确实，精力充沛的投入与严重的自我怀疑交替出现，这似乎是写作过程中必然的不幸部分。至少我的经验是这样。要想知道痛苦与振奋这两种心态的循环究竟是否有助于写作，唯一的方法就是继续前进。

语言使用

以下是一些通用的写作工具。你几乎可以在任何一本关于写作的优秀著作中找到这些内容，甚至更多内容（本书也推荐了一系列这类书籍，书单位于参考文献前）。但是，好的工具在反复使用时效果最好，我们可以经常重温它们，尝试让作品更有生命力。

- 尊重语言的范围和灵活性。审慎地选择准确的用词，令每一个词都有意义。手头要有一套好用的同义词词典；在线版本可能很方便，但要浏览相关的所有词汇，并思考词语可能具有的含义变化。相较而言，我更喜欢《罗热英语同义词词典》(*Roget's Thesaurus*) 的纸质版本。

- 注意动词。警惕被动语态。使用被动语态时要小心，只有在当你想表达世界似乎是受限的、静止的、固定的，人们被困于情境中并被无法控制的力量所左右时，才使用被动语态。而当人们自身在行动时——行使能动性、思考策略、完成战术部署——请切换到主动语态。当你在作品中发现被动语态时，问问自己，这个动作的来源是谁或什么。如果你能辨别行动主体，并能以视觉想象它造成或引起的一些动作，那么，请你找到一个强有力的动词去捕捉那个动作。

- 句子很容易负担过重。它们会被太多从句和杂乱的画面压得喘不过气，呻吟，变得虚弱。请记得拆分笨重的句子，减轻负担。确实有作家能以长句写出绝顶美妙的作品，但他们这样做时是种刻意的风格选择。

- 要认识到句子因多样而活跃。请努力让节奏和长度有所变化。

- 段落也可能负担过重。没有喘息空间的页面会让读者感到窒息。我尽量在每页中包含至少两到三个段落。

- 善待你的读者！读者是忙碌的。他们的注意力是一份礼物。想一想你自己也曾对其他作品感到困惑，并为那位作者对你时间与精力的毫不在乎所激怒。跳出原有的成见吧，想象一下你有可能给潜在读者带来哪些困难。毕竟，他们何必要读完？

- 尽可能大声朗读你的作品，或者至少读得足够慢，以理解每一个字。你很快就会知道哪里选词错误，哪里节奏出错。

- 不要让读者需要自行去探索你用的代词指的是什么！学术文体中经常出现这个问题，作者代词含糊，读者需要回到前文去寻找。

- 编辑草稿时，不断问自己是否有可以删

减的地方。你可能需要打印你所写的内容，以了解其大致轮廓。剪掉那些会削弱你的中心意图的能量的部分，把它们放到另一个文档中，它们也许会在那里找到生机。考虑句子中的每个词，删掉所有不必要的词——词语不会介意的，它们能在其他情况下派上用场。有时，大量用词是必要的，但要有意识地选择每一个词。

写作过程

人类学家是仪式理论的专家。对于作家，仪式也能带来多种好处：帮助人激发灵感；标识出转变，让人更充分地进入专注状态；划分出一段与其他诸种义务严格区分的工作时间；培养忠诚感；减轻焦虑。在民族志写作课程和写作工作坊中，我有时会邀请每个人轮流分享自己的仪式。听到各种仪式时，我们立刻会意识到，对一个人有效的方法，对其他人来说有可能看起来很古怪。我也邀请你反思自己的写作习惯。如果一把特殊的椅子、钢笔、字体、运动衫、食物、咖啡桌、某种音乐或其他任何东西能给你一种幸福感，帮助你建立与自己的联结，那么，基于这些自我了解去推动你的写作吧。

我本人以下述方式帮助自己进入写作过程。首先，我要让思想平静下来，平息脑中紧张的窃窃私语，尽量为新的想法和画面腾出空间。我在清晨工作最顺利，这段时间里，对一天工作成果的期待还没有来得及冲击我的自我意识。倘若不在清晨坐下来写作，我可能会在一天余下的时间里徘徊于迷雾之中——我会做其他事，但会与创作出独属于我的作品的那些工作脱节。我手边总有一本光滑的笔记本和一支钢笔。如果我在电脑前，更改字体能让晦涩混乱的想法变得清晰。浓烈的阿萨姆茶配上分量正好的牛奶也很有助益。有时我听音乐，获得我希望自己的写作所能具有的那种行进感。有时我去散步。

好奇心让我的研究项目能够向前推进。同样，对于我能够通过写作学到什么的好奇心，也是一种不断更新的能量来源。好奇心能消解自我怀疑；写作不再是一个必须克服障碍的舞台，而是一个空间，能够接受一切即将来到的神奇事物。当我的好奇心迟钝下来、不易浮现时，与他人交谈能让我想起交流与发现的乐趣。

以上是我的个人经验。下面是我多年来观察自己、收集其他人的写作策略，总结出的一些更为通用的技巧。

开始动笔

- 任何时间都是开始的好时机。现在就以"我最希望写的是……"这样的提示开始吧。或者记下你心中的画面和想法。

- 写一份项目描述书，尽量综合、总结你的雄心和想法。

- 创建一个提纲，为你希望写的内容找到可理解的形式。（我把它视为旅行地图或行程安排表。你大可以创造属于你自己的比喻来帮助自己跟踪进度。）

- 如果整体结构还不清晰，请从最能激发你思想活力的情节或想法开始。你可以坚信结构会从材料中逐渐浮现。

- 有些人需要写出满意的第一行才能投入新项目，就像得到护身符一样。回顾你的材料，看看是否已经在写过的东西、在别人的口头或书面文本中收到了这份礼物。

- 给自己写一张便条，标明你第二天最希望写的内容，在睡觉前将其放在枕头下（来自我一位好朋友的祖母的建议）。

- 如果你觉得静下心来写作有困难，就和朋友谈谈你要写的内容吧。其他人的好奇心和兴趣（或者仅仅是支持）会提醒你为什么这个项目是值得的。你甚至可以问他们是否愿意在你开始写作时陪伴你。

- 与朋友定一次写作之约，面对面或远距离皆可。与对方交流你的写作意图，在约定的时间后，交流写作进展。

- 去散步、游泳、骑自行车，在此过程中让写作动机逐渐成熟。

- 整理你写作的空间。扔掉你拖延了许久的文件，归档所有剩余的文件，削尖铅笔。插花。点起蜡烛。做任何能够帮助你的缪斯降临这个写作空间的事。

向前进

- 每天指定一段时间，让你从客观上、精神上都能暂时不去理睬外部世界对你的要求。在你的家里或其他地方都可以：办公室、咖啡店、图书馆、花园里的长凳。

- 断网。关手机，藏起来，让它无法吸引你的注意力。断掉电脑无线网。各种小干扰会引诱你，占用你的时间，让你的思绪向许多其他方向流动。

- 播放特定的音乐列表帮助自己写作。曾有学生告诉我，他们特意播放听不懂其语言的世界音乐，这样就不会把注意力转移到歌词上。也有学生喜欢听舒缓的器乐或重金属。（我大部分学生时代的论文都是伴随着磁带里鲍勃·马利令人振奋的雷鬼节拍而写下的。）好几位学生曾说，随着最喜欢的音乐跳舞能帮助自己找到合适的用词。

- 还有什么能打动你、激励你？我有一位

人类学家朋友会外出散步，直到她能在大步前行中感受到准备写下的文字的节奏（她住的地方不下雪）。有位工作坊参与者曾分享说，她需要在运动中观察自然，才能让文字流动。有名学生喜欢淋浴，在写作高产的日子里会洗好几次澡。另一位朋友在办公桌上选择了有趣的小物件，写下一个句子前，他可能会把玩欣赏石头、贝壳、雕刻精美的珠串。

- 找到可以让身体静止、思想却可以漫游的空间。在我还是一名很有内驱力的本科生时，写作老师格蕾丝·佩利曾布置过一项作业，让我们去一棵树下平躺。空中缠结交叉的树枝给了我灵感。

- 尝试其他创作形式。我发现任何涉及"选择"与"组合成分"的事都能帮助我写作，尤其是烹饪和串珠。一些学生提到了烘焙（并补充说室友、朋友和同事都很欣赏这些创造力迸发的果实！）。还有一名学生说她会拿出缝纫机，制作拼布作品。

- 像对待工作一样对待写作时间。无论是否有灵感，都需要投入一定的时间。

- 定期问自己，你最想说的是什么，即便这个项目是外界要求你完成的（作业、论文、图书出版合同等）。

- 同样，当别人已经写过的作品的分量让你感到害怕时，再回头看看你自己的材料吧。提醒自己你能作出哪些独特的贡献，回忆所有帮助过你的人的支持能量，这能成为你的项目稳定的压舱石。

- 再次与你所写的对象建立联系。他们对你的项目的兴趣能提醒你它的重要性和价值。（如果他们不太感兴趣，也不要气馁。当我自豪地将博士论文带给斯瓦米吉看时，他建议我把它放在他的祭坛上；他不想讨论我写的东西，而是提出要教我烹制一种美味的小吃。后来，当我需要将论文变成一本书时，斯瓦米吉对我所写内容的那种轻松接受的态度帮助我减轻了对修改过程的焦虑。）

- 将项目分解为易于处理的小部分。列清

楚你希望在哪天写哪一部分。

- 定期休息，调整节奏。但是，如果你发现自己沉浸其中、状态专注，请继续写作。专注力是宝贵的。

- 设置写作小里程碑的奖励。两页？五页？完成一节或一章后？都可以。

- 遇到困难卡住时，允许自己留下空白，日后填补。

- 找一位朋友一起写。但要达成一个协议，无论产生多么有趣的想法，你们都不会闯入对方的空间。全神贯注更有助于相互鼓励。

- 不要让那些更大的戏剧性——包括对你写作的意义和目标的担忧——分散你的注意力。继续写吧。

- 睡眠。无论写作时间表或紧迫的截止日期如何限制了你，要记得，让缪斯得到足够休息也是一项需要完成的工作。

- 记得享受你更广阔范围内的生活。

翻越写作障碍

- 不要绝望。发现自己无可救药地陷入困境是写作过程的必然部分。耕地也要不时休耕，才能为新的生长做准备。事情最终会发生变化。你只是不知何时恢复、如何前进。

- 尝试描述你此刻正在经历的事。有一次，当我真的卡在这本书的写作中途时，曾写下这样几行笔记："有时，为完成外界要求而写作，就像试图从石头里榨出甜汁。项目那毫不让步的坚硬密度阻止了写作开始；项目遥不可及；紧紧抓住它，用力，直到肌肉酸痛，眼睛刺痛。你疲惫，劳累，伤心，仍然没有屈服。所有那些关于活在写作之中的生机勃勃的讨论都去了哪里？直接抛弃它不是更方便吗？"表达的过程抚慰了我，开始期待即使是这种痛苦最终或许也能带来洞察。

- 反思为什么你在这个特定时刻卡壳。你的消极情绪是否膨胀了，威胁要吞噬你创造性的视野？或者，外界评价令你沮丧？如果在其他人的检视下，你的项目看起来不怎么样，深吸一口气，尝试理解那个人的意图和观点。对方可能有不同的审美、不同的目标；试着去理解那些可能是什么，而不是让这种分歧击倒你，以至于无法站起来。记住，坦率的批评可能是最高形式的尊重。抛掉那种因被误解或被低估而受伤的感觉，这时再看一看：是否能从批评或被批评的经历中得到有用的帮助？（如果没有，反思你此刻的感受也会帮助你以后对别人提出更有建设性的批评意见。）

- 如果你在既定的制度结构中写作，或者你的生计依赖于写作，那么，务实地看待要求你以特定方式做某事的更大力量。将外部需求和障碍视为需要以战术应对的事；它们绝不是你自身创造力价值的准确指标。你作为作家的自我意识可能会受益于允许自己同时参与另一个不太"作数"的项目。

- 如果你对自己和项目的信心严重动摇，

请联系你认识的那些相信你、相信你正在努力完成的事情的朋友或亲人。说出来你正在经历什么，以及你需要从他们那里得到什么（不要觉得别人能自然而然就读懂你的需求）。询问他们是否愿意为你朗读。你的内心可能会产生冲动，想要回避他们那些肯定你的话——别这样。仔细倾听，写下所有可能对你有用的词语，以备未来反思。

- 或者，联系一位同样是写作者的可靠朋友寻求支持。设置固定的时间，彼此沟通。

- 阅读其他作家关于写作障碍的文章。感觉受阻容易让人陷入痛苦的孤立。要经常提醒自己，许多其他人也曾身处你现在这种受困的凄凉之地；现在还有很多人处在那个地带。多年以来，莱纳·玛利亚·里尔克（Rainer Maria Rilke）《给年轻诗人的信》（*Letters to a Young Poet*）一直帮助我坚定信念。在我处在极为绝望的干涸状态时，有位针灸师朋友给了我一本朱莉娅·卡梅伦的《唤醒创作力：

写给被"卡"住的创作者》。虽然我没有完成卡梅伦建议的那些恢复创造力的练习，但这本书的存在和它的写作意图本身就给了我安慰。给自己留一些时间去阅读《巴黎评论》杂志自 20 世纪 50 年代以来持续开展的著名作家访谈——这个宝库可以在网站 http://www.theparisreview.com/interviews 在线阅读。

· 重新去看看本章"向前进"一节中给出的小建议。有没有哪一条此刻对你有用？

· 让自己彻底休息，甚至去度几天假。你可能工作太努力了，反而丧失了敏锐的视角。一旦你休息好了，恢复了新鲜感，就开始重新思考你的项目。

· 查看你的材料，找到一些重新开始工作的小办法：编辑修订其中一页，转写访谈，整理参考文献。有可能你会回忆起是什么吸引你开展这个项目，并再次向前迈进。

修改

修改在写作的每一步都很关键。与其他写作者形成共处陪伴的关系，能够帮助你重新进入、重新考量、进一步完善一份作品。如果你与其他人或小组分享了作品，你可以向这些值得信赖的读者提出一些问题：

- 第一句话是否吸引其他人继续阅读？

- 其他人认为你的作品"真正"是关于什么的？

- 他们认为最引人注目的时刻、画面、转折点是什么？

- 段落是否合乎逻辑地流淌，转向下一段？在调整想法、场景的呈现顺序方面，读者有什么建议？

- 他们能"看见"一幅关于你所描述的人的画面吗？你的作品是否涉及视觉之外的感官？

- 在小组分享中，列出你从阅读他人的作

品中了解到的三个能构成强有力作品的要素。赞美他人；也让自己得到鼓励。

完成

- 完成很难。让截止日期成为激励自己的力量。如果你没有外部截止日期，请与其他人约定你们将同时完成某件事。

- 从形成一系列草稿版本的角度来思考问题。在民俗学家看来，每次对于故事的复述都构成了更大故事的一个版本。将你的书面作品也视为"版本"吧，当故事以不同的声音被讲述或从不同的角度被重塑时，这些版本会重塑故事。意识到存在多种版本，能减轻你完成第一稿时的沉重负担，也可以减轻批评意见带来的刺痛。

- 如果你在着手进行一个长期项目——类似于本书——那么，在接近尾声时，你可能会精疲力尽，对自己的观点感到不确定。然而你不能放松，因为你知道有截止日期。你不停地工作，但不再相信自己的判断，也不再相信其他人会关心你的成果。不要对当初选择这个项目的自己以及一路上帮助过你的所有人失去信心。将你的致谢作为铭记他人支持的一种方式。如果你的朋友能够忍受听到你为一个已经进行了太久的项目而闷闷不乐，那么，再次向他们寻求支持吧。

- 提前原谅自己。请意识到无论你写什么，都永远不可能做到完整或完美。你手中握有你的余生，尽可以去继续完善一件作品。要尽你所能，也要及时放手。

即使项目已经接近尾声，也要重读并修改你的文字，直到你能够辨认出你一直试图表达的能量。你的文字可能携带着你生活过的时代和地点、你认识的人和声音，以及你自己对读者的独特感知（有些读者你已经认识了，也有些读者你可能永远不会和他们见面）。一路走来，契诃夫的生命延续在我的写作之中，而你，也同样可以生活在写作之中。

致 谢

"我正在写的是一本关于写作的书，我彻底困住了。"

有个上午，我再也无法忍受继续修改这本书的具体章节了，转而去写"致谢"的第一稿，之后我对一位朋友说了上面这句话。我们是在外出购物时相遇的，彼此交流近况时，他问我在写什么。听到这个回答后，他以充满善意的大笑回应。"真是个好笑话！"他说。

没那么好笑，我想。写这本书时，我一而再、再而三地失去平衡感和方向感。我要感谢每一位帮助我站起来、催促我前进的好心人。

感谢我课堂上的学生，以及我自 1994 年以来教授的"民族志写作"及"回忆录写作"工作坊的参与者。人数很多，我难以在此一一列举，但正是与你们一起工作的过程塑造出了这本书——

页页的见解。尤其在关于写作技巧的部分，你可能会发现一些当时你分享过的有关自己写作过程的内容。此外，我还想感谢组织了其中一些研讨会的伙伴：乔安·马尔卡希、凯西·罗宾逊（Kathy Robinson）、海伦娜·沃夫（Helena Wulff）、露丝·贝哈、纳里尼·纳塔拉扬（Nalini Natarajan）、艾米莉·马丁（Emily Martin）、凯瑟琳·麦卡弗里（Katherine McCaffrey）、克里斯托弗·凯尔蒂（Christopher Kelty）。

每次面临如何对待写作材料的挑战，我的脑海中就会回荡起自己老师的话。为此，我特别感谢格蕾丝·佩利、阿兰·邓迪斯、罗纳多·罗萨尔多。罗纳多深深影响了我的民族志写作取向，他对本书写作计划的认可与建议也帮助我找到了这本书的基调。

在孤独的写作之路上，我得益于许多亲密朋友的陪伴，他们的身影穿行于书页间。感谢他们所有人，我非常清楚，没有他们的帮助就没有这本书。乔安·马尔卡希提供了无与伦比的灵感和想法，在构思本书的早期阶段，她与我进行了为期数日的密集写作和对话。玛瑞安·戈德（Marian Goad）读过每一章的初稿，有时也阅读第二稿、第三稿；一次又一次，她对这本书的坚定信念、她对本书目标的洞察力、她的编辑直觉，都在重新提醒我这本书意义何在。弗兰克·所罗门（Frank Salomon）再次将我带入了契诃夫的世界。他最早建议，既然我对契诃夫相关材料的了解已经足够深入，不如就以之组织整本书。他赞赏我的发现，这十分激励我。凯文·德怀尔提供了极为准确的评论，帮助我进一步厘清这本书与民族志、与契诃夫的关系。佩吉·约卡姆（Peggy Yocom）和我每周见面一次，共同写作，这是一种令人喜悦的团结。阿吉特·纳苏（Agate Nesaule）与我之间关于写作的持续对话稳定地激励着这本书的诞生，她十分支持我，阅读了完整的草稿。在我感到迷失时，玛丽亚·勒泼斯基（Maria Lepowsky）再一次慷慨、敏锐、清醒地阅读了最终成稿的部分章节，对我有极大的帮助。

感谢安妮·哈格森（Anne Haggerson）处理这本书的无穷细节时的清晰思考、充沛能量和惊人高效。苏珊·罗特曼（Susan Rottman）对第一稿给出了相当有深度的评论。在社会科学图书方面，汤姆·德金（Tom Durkin）是一位了不起的专家，他为这本书的研究提供了慷慨的背景协助。写作过程中，我不时与友人、同事、同行分享本书的部分内容，并收获极有见地的评论和细读，分别来自于彼得·阿格比（Peter Agree）、苏珊·伯恩斯坦（Susan Bernstein）、朱莉·克鲁克申克、朱莉·迪阿契（Julie D'Acci）、伊丽莎白·德桑（Elizabeth Desan）、路易斯·科什（Lewis Koch）、萨拉·列文（Sarah Levin）、厄内斯汀·麦克休、B. 凡科特·玛尼（B. Venkat Mani）、克里斯蒂·美瑞尔（Christi Merrill）、托德·米歇尔森－安比朗（Todd Michelson-Ambelang）、西敏司、赫曼特·沙（Hemant Shah）、珍妮·谢姆（Jeanne Thieme）。

　　我要感谢芝加哥大学出版社，参与这本书制作过程的每一位都对这本书的最终呈现有所帮助：艾伦·托马斯（Alan Thomas）鼓励我将萌芽状态的想法化为现实，大卫·布兰特（David Brent）一路护送书稿通过一轮轮评审，且与我分享他对民族志的看法，劳拉·艾维（Laura Avey）为书稿中的几项关键细节提供了及时帮助。我非常高兴乔尔·斯科尔（Joel Score）担任了我两本书的文字编辑，他以对细节和结构的敏锐眼光向我展示出了编辑工作的高超技巧和艺术性。我也感谢阅读了书稿的迈克尔·杰克逊和米歇尔·穆兰诺（Michelle Murano）给予的评论。

我的母亲迪迪·康切特（Didi Contractor）从这本书的第一个想法冒头时就参与其中，阅读它，点评它，给我热情洋溢的支持。我感激她对这本书的付出，更感谢她对我多年来所有作品的支持。

肯·乔治——我珍爱的朋友、敏锐的同事、有时困惑的伙伴——在我写作的每个阶段都以多到不可胜数的方式支持我。我写这本书时曾陷入挣扎，疲倦不堪，这时我听到肯描述它为一本告诉读者"不如这样试试看？"的手册。当时我惊讶、喜悦，感受到一种新鲜的动力，期待能够完成它，交到其他读者的手中。

注　释

以下注释与本书页码对应。

序言　生活在写作之中

1　光是《序言》的短短数页，我就可以写出一大本注释。不过，我会试着尽量简明扼要地列出在我眼中最重要的那些指导作品。

民族志已被文化人类学以外的许多学科所袭用、调整，不仅限于民俗学、社会学、历史学、地理学、宗教研究、教育政策、新闻学、法律研究、修辞学、文化研究、英语文学、创意写作等门类。已经有很多著作将民族志视为一种研究方法来深入考察，在海量的相关手册中，以下几本于我的人类学课堂曾经格外有用，或是由我的同行同事们极力推荐的：Angrosino 2007, Davies 2002, Ellen 1984。另外，还可参阅以下几本关于田野调查的文章合集：Jackson and Ives 1996, Robben and Sluka 2007。

还有大量书籍将民族志视为一种写作形式，我甚至不打算尝试做出这方面的论文列表。多年以来，在我的课堂上有所帮助的这类书籍有 Abu-Lughod 1993, Behar and Gordon 1995, Clifford 1988, Clifford and Marcus 1986, Dwyer 1982, Geertz 1988, Jackson 1989, Marcus 1998, Marcus and Fischer 1999, Rosaldo 1989, Stoller 1989, Van Maanen 1988, 以及 Wolf 1992。Gay y Blasco and Wardle 2007 提供了一组极有启发性的民族志阅读策略，也能够推进民族志写作。Sharman 2007 和 Waterston and Vesperi 2009 是两本在美国人类学协会（American Anthropological Association）年会上发表的人类学家关于民族志反思的文章的合集。有关合作民族志（collaborative ethnography），请参见 Lassiter 2005。

至于该如何生成、构造民族志表达的实

用策略，则少之又少。在写作田野调查笔记方面，Emerson, Fretz, and Shaw 1995 很有帮助。Sunstein and Chiseri-Strater 2002 将田野调查中的练习、作品摘录、写作练习结合，对多个学科的本科生都很有帮助；Wolcott 2001 对于各种质性研究的写作都很有益；Crang and Cook 2007 采用人文地理学视角，将研究和民族志写作策略相结合；Becker 1986/2007 对于社会科学各门类的写作都是经典之作。Luery 2004 给出了将博士论文转化为书稿的有效建议，对于以民族志为基础的博士论文也十分有用。

以下创造性非虚构写作者也曾探索过创作、构造作品的具体策略：Barrington 1997，Cheney 2001，Forché and Girard 2001，Gutkind 2005，以及 Talese and Lounsberry 1996。这一更大的潮流也被描述为"非虚构"（nonfiction, Zinsser 2006）或"第四体裁"（the fourth genre, Root and Steinberg 2005）。新闻记者会讨论"文学新闻"（literary journalism, Sims and Kramer 1995）、"新新新闻"（the "New New Journalism", Boynton 2005）、"叙事新闻"（narrative journalism, Kramer and Call 2007）。我认为，所有这些作品都与民族志紧密相关。可参见 Narayan 2007a，那是一项从创造性非虚构作品中寻找可用于民族志写作的工具的早期尝试；也可参见 Narayan 1999，这部更早的作品解释了民族志与小说之间的边界。

我第一次遭遇契诃夫对他萨哈林岛之行的描述时，读到的是 Chekhov 1967 中的几页；随后，我开始寻找其他译本（Chekhov 2007，以及 Chekhov 2008 中的部分选编）。契诃夫的短篇小说和戏剧作品更负盛名，也有多种译本和选本。如果想读契诃夫中短篇小说的选本，我特别推荐两个译本，分别来自 Peavear 和 Volokhonsky（Chekhov 2000, 2004）。契诃夫记录写作片段以供未来之用的笔记本现已整理出版（Chekhov 1987），我希望它还能够有新的译本。英文世界流传着数种契诃夫书信集，每一本都有不同的选编、组织、编辑形式，我认为它们都很有价值，请参见 Chekhov 1920b, 1973, 2004a；Karlinsky 1975；McVay 1994；此外，他与奥尔迦·克尼碧尔的通信可见 Benedetti,

1996。特别是如果我们同时阅读这些书信与解释性的注释，书信无意中便能构成契诃夫的自传。或许正是因为契诃夫留下了海量的作品，包括我在内的读者最终都会选择性地阅读其中的一部分，对他的个性、他的作品的看法也就各有千秋。

对我尤有启发性的契诃夫传记是以下几本：Bartlett 2004, Chukovsky 1945, Coope 1997, Hingley 1976，以及 Rayfield 1997。在第三章，我引用了契诃夫同时代人的回忆录，尽管珍妮特·马尔科姆相当怀疑那些作品在事实层面是否准确。她的以下看法令人难忘："已故的名人只能沉默，这给自我推销的生者带来了巨大的诱惑。夸大自己与某位受邀客人的亲密关系，让自己摆脱那种默默无闻的阴暗与空虚，随名人一起步入后世之人那灯火辉煌的客厅，这种机会实在难以抗拒。"（Malcolm 2001:79）回忆录可参见 Bunin 2007, Gorky 1921, Gorky 1959: 134-68, Koteliansky 1927，以及 Turkov 1990。

在我之前，当然已有许多作家因契诃夫而感动，受到激励。开始写这本书的几年前，我已经读过并激赏马尔科姆的《阅读契诃夫：文学批判之旅》（2001），这本书将她对契诃夫小说的细读、鉴赏、对他人生经历的思考，以及她对前往俄罗斯访问契诃夫及他笔下人物生活过的地方的旅程的叙述交织在一起。进一步阅读契诃夫的过程中，我沉浸在其他作家对于自己如何沉迷于契诃夫作品的叙述中，弗拉基米尔·纳博科夫《俄罗斯文学讲稿》（1960/1981）中有关契诃夫的章节、詹姆斯·伍德的文章《什么是契诃夫所说的生活》[1]，以及弗朗西·普鲁斯（Francine Prose）的《我们能从契诃夫那里学到什么》（*What We Can Learn from Chekhov*）尤其令人愉悦。由作家与学者共同参与完成的两本纪念契诃夫的选集是 McConkey 1984 和 Finke and Sherbinin 2007。

3 **自由写作**。艾尔伯如是介绍这一概念："我所了解的提高写作水平的最有效方法，就是定期完成自由写作练习。每周至少三次。也可以管它叫'自动写作''胡写'或者'喋

---

1 中译版载《真看：詹姆斯·伍德批评文选（1997—2019）》，詹姆斯·伍德著，冯晓初、黄远帆、李小均、蒋怡译，江苏凤凰文艺出版社，2021 年。

喋不休'的练习。很简单，写十分钟（可以逐渐延长到十五或二十分钟）。不要为任何事停下来。要快但无须着急。不要把时间花在停下来看前面已经写完的部分、划掉其中一部分、考虑如何拼写、词语或观点的使用方式以及反思自己在做什么上。如果你想不出用哪个词或某个词的拼写方式，用波浪符号代替，或者写'我想不出来'，随便写什么都好……唯一的要求就是，不要停下来。（1998:3）

8　　**我是作为一个具有一定审美力的读者向你说这些话的。** AC to Alexander Chekhov, Moscow, May 10, 1886（McVay 1994:33）。整封信都值得一读[1]，契诃夫在其中提出了对小说写作的建议，尤其是如何用小细节来唤起读者对更大的场景的想象（他在信中举了一个例子，那个美丽的场景后来用在了《海鸥》里自我陶醉的作家特里戈林上）。

1　《契诃夫书信集》，"致亚·巴·契诃夫，1886 年 5 月 10 日，莫斯科"，第 8—10 页。

1　故事与理论

2　**他们是什么样的人？可笑吗？** Chekhov 2004b: 476。

2　**友谊、智慧，进步，自由。** Chekhov 2004b: 477。

3　**写文化。** 参见影响力巨大的 *Writing Culture: The Poetics and Politics of Ethnography, Clifford and Marcus*，1986。[1] 可与之对比的书籍包括 *Women Writing Culture*（Behar and Gordon，1995），*After Writing Culture*（James, Hockey, and Dawson，1997），以及 *Beyond Writing Culture*（Zenker and Kumoll，2010）。

4　**像一位人种学者那样谈话，庄严而乏味。** Chekhov 1920a:91。

4　**既是科学的，也是文学的目标。** AC to M. N. Galkin-Vraskoy, Petersburg, January 20, 1890（McVay 1994:84）。我发现 Robert Thornton（1983）和 Barbara Tedlock（1991）所作的短文章以及 Clifford 1988 文集中汇编的文

1　中文版见《写文化：民族志的诗学与政治学》，詹姆斯·克利福德、乔治·E.马库斯编，高丙中、吴晓黎、李霞译，商务印书馆，2006年。

章，对于理解能够激发民族志的多种冲动都很有用。

8 **成堆材料变文档**。感谢 Joel Score 的这句话。

9 **创造性非虚构写作为读者提供信息**。Cheney 2001:2。

11 **西摩·格拉斯**。Salinger 1963:161。

13 **深描**；来自吉尔伯特·赖尔的例子。Geertz 1973:6-7。

14 **故事具有初步的分析性**。尤其可参阅 Rosaldo 1989:127-43。

15 **虚构的产物**。Geertz 1973:15。

16 **对于事实的描绘**。Geertz 1988:141。格尔茨本人也认识到了自己的背景中有多种多样的文体并存。他曾在访谈中说，在安提阿大学（Antioch College）读本科时，他希望成为"小说家兼报人"，在转到哲学系并逐渐发现人类学的美妙之前，他已经写了一部未出版的长篇小说和一系列短篇小说（Olson 1991:89）。

17 **特写镜头；远景镜头**。Barrington 1997:82。也可参见 Cheney 2001。在 Narayan 2007a 中，我也讨论了如何运用这些非虚构手段写作民族志。

17 1958 年 4 月上旬。Geertz 1973:414。

18 在第三轮比赛进行得正酣之际。Geertz 1973:414-15。

20 被取笑就意味着被接受。Geertz 1973:416。

20 有戏剧潜力的场景。Cheney 2001:55。

21 我从一个真实事件开始。Wright，见 Queneau 1958:15。

23 20 世纪 60 年代早期印度尼西亚的国家暴力。见 George 2004。

23 地方性事件及地方性评论；前景关注；背景条件。参见 Moore 1987:731。基思·巴索也以相似的方式描述过他的民族志实践，他认为民族志在于"将屈指可数的生动事件近距离地置于其背景之中"（1996:110），德怀尔（Dwyer 1982）也用事件和语境中的对话来组织自己的整部著作。

25 处境指的是背景或环境。Gornick 2001:13。我也想略微离题，戈尔尼克认为情节是故事的一部分。她认为，当作家创造出一个特殊角色时，处境就能够有效地转变成故事。她研究了她最钟爱的一些关于个人经历的随笔、回忆录，她发现，"在每篇文章中，作者都以某种洞见组织起写作，并且在每篇文章中，作者都创建出一个角色，来为这种特殊洞见服务"（2001:23）。

25　**想象一下，你突然被抛置在**。Malinowski 1922/1962:4。

27—28　**土著人的观点；我们必须考察人；赖以生存的情感**。Malinowski 1922/1962:21。

28　**记录"特殊"的民族志**。阿布-卢霍德（1993）根据组织的结构原则重述了贝都因妇女的生命故事，她主张应当跟踪特定人群的生活，以此作为一种方式，去挑战与文化相关的"同质性、连贯性、永恒性"假设（1993:14）。另参见 Flueckiger 关于"对个案研究的研究"（2006:22）。

29　**在讲故事前**。Narayan 1989:37。此外，关于为得到故事而访谈，参见 Narayan and George 2000；关于讲故事的政治，参见 Jackson 2006。

30　**劳动的道德意义**。Chekhov 2004b:461。

30　**问题不只是如何简单**。Strathern 1987:257。

34　**招牌和标签都是先入之见**。AC to A. N. Pleshcheyev (or Pleshcheev), Moscow, October 4, 1888（Karlinsky 1975:109）。

35—36　**同时追逐两只兔子；我觉得更振奋一**

些。AC to A. Suvorin, Moscow, September 11, 1888（Karlinksy 1975:107）。

36　叙事形式是我法律意义上的妻子。AC to A. N. Pleshcheev, Moscow, January 15, 1889（McVay 1994:72）。

36　我正在写我的萨哈林游记。AC to M. V. Kiseleva, Bogimovo, May 20, 1891（McVay 1994:109）。

38　契诃夫借给凯林一笔钱。Chukovsky 1945: 24。

38　布拉兹正在画我的肖像。to A. A. Khoytainsteva, Nice, March 23, 1898（McVay 1994:196-97）。

39—40 解决问题；艺术家进行观察。AC to A. S. Suvorin, Moscow, October 27, 1888（Karlinksy 1975:107）。

40　新的文学形式。Chekhov 1987:28。

41　任何事情都不会过去。Chekhov 2004b:536。

41　生命只有一次。Chekhov 2004b:326。马尔科姆也引用了这句话，来自另一个不同的译本："生命只会赐予我们一次，人会想要尽可能充分地活着，以全部的意识与美。"（2001:135）

41　为了死而活着。Gorky 1959:164。

2 地点

45 **我看到了一切；我还不知道最终会完成什么**。AC to Suvorin, Tatar Strait, September 11, 1890（Karlinsky 1975:171）。Karlinsky 对 Krylov 解释了这一引语，虽然契诃夫自称"已经结束了流放地的生活"，南端还有更多的定居点等待着他。

47 **契诃夫对萨哈林产生兴趣**。参见 Hingley 1976:128。

48 **起码写个一两百页；一个充满无法忍受的痛苦的地点**。 AC to A. Suvorin, Moscow, March 9, 1890（Karlinsky 1975:159-60）。

48 **我整天都在读书**。AC to A. N. Plescheev Moscow, February 15, 1890（McVay 1994:85）。

50 《萨哈林旅行记》作为民族志。在《作为民族学家的契诃夫》中，斯拉夫研究学者凯西·伯金（Cathy Popkin）认为，在萨哈林看到的混乱阻碍了契诃夫，"他认识论上的危机导致了严重的表征困扰"（1992:45）。她收集了大量其他学者研究契诃夫这本著作的材料，得出结论，认为它"实在是所有体裁内最古怪的文献之一"（1992:48）。环境史和医学史专家的著作（Conevery Bolton Valenčius 2007）界定了这本书的形式在医学地理学领域内的位置，这有助于阐明它给人的陌生感。也可参见 Ryfa 1999 对该书体裁的进一步讨论，尤其是旅行、科学、文学话语如何在书中交织，以及契诃夫如何在书中与陀思妥耶夫斯基展开对话——就像后来索尔仁尼琴与契诃夫展开对话一样。

50 民族志学者在熟悉的地点和巨型都市工作，也在档案馆、市场、公司、实验室、媒体世界、网络空间等处找到了田野。参见 Gupta and Furguson 1997 和 Low and Lawrence-Zúñiga 2003。有关多点田野调查，请参见 Marcus 1998 和 Falzon 2009。

54 有意识地利用全方位的感官。参见 Stoller 1989。

55 不止于印度之行。Singer 1972:11-38。也可见 Said 1978 关于东方主义的更全面的叙述。

56 萨哈林一词源于法国人的误读。Chekhov 2007:48。

56 西伯利亚的省长。Chekhov 2007:105。也可参见 Brunello and Lenček 2008:94-95。

57 有一条街道叫作西索夫斯卡娅街。Chekhov

2007:151。

57　屎荫。Basso 1996:24-27。

57　一片片白色岩石向上又向外延伸。Basso 1996:93-95。

58　一年中雨雪天气平均是一百八十九天。Chekhov 2007:110。

59　时值正午。Mead 1928:20。也可参见 Shore 1982:5 及 Taussig 2004:31-40 关于酷热的描述。

60　今天气温感觉很冷。Vitebsky 2005:154。

62　环绕我房屋的排水沟渠。Causey 2003:159。

62　现在，浓稠潮湿的空气中。Causey 2003:159。

63　我还闻到一股非常微弱的臭味；白昼阴沉。Causey 2003:160。

63　忧郁、音调动人的叫声。Gibbal 1994:11。

63　一个小内海。Gibbal 1994:13。

64　尼日尔河时而变宽。Gibbal 1994:15。

65　每个视角都需要一个隐喻。Burke and Gusfield 1989:95。

65　他们的眼睛闪闪发亮。Briggs 1970:16。

67　具有强大力量的变形者；它们对人类有反应。Cruikshank 2005:69。

68　正是与玛·萨拉姆一起。Tsing 1993:66。

70 **废弃的伐木道**。Tsing 2005:29-30。

71 **迁移村庄**。Tsing 2005:30。

72 **可是现在，在从前的密林**。Chekhov 2007:75。

73 **一条不规则的绿色甘蔗丝带；烟囱在棚屋和 藤条上投下长长的影子；茅草屋顶；但穿过 一个村庄**。Mintz 1974:12。

75—76 **窗户开着，光线充足；没有任何行李**。 Chekhov 2007:86。

77 **皮外套散发着羊皮的腥膻味**。Brunello and Lenček 2008:96-97。

78 **他们对猫以及乞丐以外的其他人有同情心**。 AC to Nikolay Chekhov, Moscow, March 1886 （Chekhov 2004a:60）。

79 **这地方的尽头有一台废弃的金属发电机**。 Bourgois and Schonberg 2009:3。

80—81 契诃夫见证鞭打。Chekhov 2007:291-94。

81 **喷溅在墙上的斑斑血迹；他们要求我们打扫 好房间**。Das 2007:194。

83 **不得不为了一个肮脏的句子**。AC to Suvorin, 27 May, 1891, Bogimovo（Cooke 1997:72）。

83 **没有政治、社会、经济性质的冗长空话**。AC to Alexander Chekhov（Karlinsky 1975:87）。

85—86 **在我们急需的民族医学系成立之后**。

转引自 Chukovsky 1945:42。

86　**床垫啦，破旧的病人服啦；满屋子的酸白菜味**。Chekhov 2000:172,173。

87　**让您的弟弟放心**。AC to David Manucharov, March 5, 1896, Melikhovo（Chekhov 2004a: 341）。

3　人

89　**在俄罗斯，和在我们国家一样**。Malcolm 2001:22。

92　圆形和扁形人物。Forster 1927/1955:67-78。

95　**记不得宗族的美男子特罗菲莫夫**。Chekhov 1967:45。在其他译本里，这位男子也被形容为"好看且自称不记得任何亲属的"（Chekhov 2007:78）或"英俊且姓氏莫名的"（Chekhov 2008:107）。在阅读《萨哈林旅行记》以及其他契诃夫的作品时，我会因看到他对女性、少数民族群体的漫画式速写而感到困扰。然而，他展开的全部作品与他人生中的行为似乎能够表明他逐渐成长，超越了随意的刻板印象与他所处的时代的诸种偏见。

96 **每一个形象，就其自身而言**。Auster 1982/1988: 28。

96 **他双手的尺寸**。Auster 1982/1988:29。然后，奥斯特开始思考，是否可能是一个极具戏剧性的家庭秘密让他父亲如此孤立、犹豫不决、与自己的母亲和兄弟有着不同寻常的亲密。奥斯特这代人偶然得知了这个秘密，当时一位堂姐搭乘飞机，邻座乘客正好与奥斯特的父亲及其哥哥姐姐在同一个城镇长大。通过这位陌生人寄来的简报，奥斯特得以重现大约四十年以前，使他那个住在威斯康星州的波兰裔犹太家庭从此不可逆转地改变的一系列事件。

99 **他右眼的虹膜**。我从库普林（Kuprin 1927: 44）那里得到了这项细节。库普林坚持认为，虽然在许多人心目中契诃夫有一双蓝眼睛，但他实际上拥有一双"深色、几乎是棕褐色"的眼睛（也有描述回忆契诃夫的眼睛是淡褐色或灰色的，让这个问题更为复杂）。布拉兹所作的那幅著名的契诃夫肖像中，是棕褐色的眼睛，和契诃夫的二哥尼古拉画的相同。

100 **安东·巴甫洛维奇的房间**。Korovin 1990:

16-17。

102　**身体越来越虚弱**。Knipper-Chekhova 1960:36。

103　**他看着我们**。Knipper-Chekhova 1960:38。
契诃夫曾写信给苏沃林，告诉他自己有多么被克尼碧尔的表演打动（McVay 1994:203-4）。

104　**早上安托沙坐在桌旁喝茶**。Kuprin 1927:62。

104　**他走路的方式**。转引自 Hingley 1976:206-7。

105　**我记得那天下午塔索的样子**。Mintz 1974:3。

107　**他不由得感到奇怪**。Chekhov 2000:375。

107　**时间让他的面部轮廓更尖锐了**。Myerhoff 1978:45。

109　**上帝最伟大的发明**。Myerhoff 1978:69。

109　**你自己的头脑必须要活跃起来**。Myerhoff 1978:44。

110　**没有开始也没有结束**。Myerhoff 1978:47。

110　**就像一件精美的斗篷**。Myerhoff 1973:76。

112　**你从小就是这位女神的信徒吗?** Narayan 1989:48。

113　**在我们身边神采奕奕地行进的老侏儒; 爽快而详尽地回答**。Turner 1960:334。

114　**总的来说，他的人格模式**。Turner 1960:343。

115　**在契诃夫的世界里**。Wood 1999:87-88。关于《带小狗的女人》中的这一段，请见 Chekhov

2000:374，也可参见 Malcolm 2001:36-37。

116 **安东斯卡；安东诺夫斯基**。好几位作者都曾提及这一细节；我最初在 McVay 1994:294 中注意到它。

116 **他最好的工作时间**。Kuprin 1927:60-61。

118 **我一定当一个非常出色的丈夫**。AC to Suvorin, March 23, 1895, Melikhovo（Chekhov 2004a:333）。奥尔迦·克尼碧尔的传记可参见 Pitcher 1979。契诃夫与克尼碧尔之间的书信往来（读起来令人有些尴尬，情书一般都是如此）可见 Benedetti 1996。

118 **我很久没有喝香槟酒了**。Knipper-Chekhova 1960:55。马尔科姆提供了好几种对此场景的重述，她认为这说明该场景已成为"文学史中最经典的固定场景之一"（2001:62）。

120 **她的身体颤抖着，抽动着**。Brown 1991:61。

122 **看着老斯皮里登来回摇摆着自己的身体**。Willerslev 2007:1。

124 **我可以想象马基斯**。Read 1965:16。

125 **一把上膛的枪**。Nemirovich-Danchenko 1990: 92。

126 **我无法解释**。Nemirovich-Danchenko 1990:91。

127 **带着内疚或同情的表情**。Chitau 1990:99。

4 声音

129 **有一次，他邀请我**。Gorky 1959:134-35。可参见另一翻译版本 Gorky 1921:1，该译本语调略显矫揉。Chukovki 1945:28 也描写了契诃夫对其他肺结核病人的关切。

131 **他常常是这样的**。Gorky 1959:137。

132 **民族志学者通过对话构建文本**。尤其可参见 Dwyer 1982; Tedlock and Mannheim 1995。

133 **您就好像坐在剧院里看戏的一个观众**。AC to M. Gorky, December 3, 1898, Yalta（McVay 1994:211）。

134 **还有一个意见**。AC to M. Gorky, 3 September, 1899, Yalta（McVay 1994:236）。

135 **他说话的方式**。Auster 1982/1988:29-30。

136 **深沉、柔和、似乎有点模糊的声音**。Gorky 1959:139。

136 **深沉的男低音，听起来又浑厚又清脆**。Nemirovich-Danchenko 1990:78。

136 **带有温柔抚慰感的男中音**。Soulerzhitsky 1927:171。

136 **他总是坐在一边，一只手托着脑袋**。Knipper-Chekhova 1960:52.

136 和善地哈哈大笑。Stanislavski 1968:89。

137 真正的俄罗斯语音。Nemirovich-Danchenko 1990:78。

137 那不勒斯语的发音浑厚。Belmonte 1979:5。

139 "玩意"是最主要的抽象概念。Wolfe 1968: 11。

144 一种对疲倦导致的状态的解释。Scheper-Hughes 1992:176-77。

144 很多所谓的 *nervos* 状态。Scheper-Hughes 1992:177-78。

145 一种初步的、模糊的反思。Scheper-Hughes 1992:195。

147 关于翻译的注释的例子，可参见 Narayan 1997:223-25。

148 对我的行为的看法。Dwyer 1982:225-26。

150 时间：1993 年 3 月的一个上午。Seizer 2005: 1-2。

154 接着他看见了。Tedlock 1993:182-83。也可参见 Tedlock 1983。

157 我解开单词的项链。Behar 1993:16。更多关于以生活史为体裁的论述，可见 Langness and Frank 1981。

158 我第一次听到永秀妈妈的故事时。Kendall

1988:10-11。

158 她带着一种饶有兴致的神情回答了我们的问题。Kendall 1988:18-19。

159 调查接近尾声时。Stoller and Olkes 1987:9。

162 契诃夫的剧作往往不是通过长篇大论去阐释人物的思想。Stanislavki 1968:81。

162 我们突然收到一封便函。Stanislavki 1968:113。

163—164 我听过很多警告；村里有个人曾告诉我。Vitebsky 2005:124。

165 他带着他的枪走了。Abu-Lughod 1986:230-31。

168 小狗不应该因为有大狗的存在而慌乱不安。Bunin 2007:20。这段关于狗吠的描述让我想起他的短篇小说《卡什坦卡的故事》中与小说同名的那只狗卡什坦卡，它只要听到音乐声就会叫起来（Pitcher 1999:86-104）。小说选择以卡什坦卡的视角来写，展现出必须以自己的声音叫喊之后的多种不同后果。

168—169 他善于；热爱自己的人物；要避免用那些现成的词句和套话。Schepkina-Kupernik 1990:59。

170 那么美好的事情对我来说会变得更加美好；

文字在我脑海中展开画面。Dhar 2005:4。

171 对我来说，理想的歌唱动作。Dhar 2005:5。

171 你必须首先聆听自己的呼吸。Dhar 2005:67。

172 开始唱你的音符。Dhar 2005: 66-67。

173 一场跑了调的表演。Dhar 2005:97-98。

174 或者，换句话说。参见 Mills 1959；Narayan 2008。

176 普通词汇；他还是很成功地传递了艺术之美。Nabokov 1960/1981:252。

176 他把文字置于同样昏暗的光线下。Nabokov 1960/1981:253。

177 小说以最自然的方式展开。Nabokov 1960/1981:262.

5 自我

182 信件未经审查、删减的完整版本。Bartlett 2004。麦克维（McVay 1994）在每年的信件中都选取一些关键的内容，并提供该年现存通信的概述。例如，有 203 封写于 1981年的信件留存至今；当然，契诃夫实际写过的信或许更多。

182 **在某些方面，可以说，契诃夫的书信构成了他从未写过的自传**。Bartlett 2004:xxxii。

182 **自传恐惧症；被迫读到关于我自己**。AC to Gregory Rossilomo, October 11, 1899, Yalta（Bartlett 2004:424）。也可参见更早的两封信，其中也指出了他对自传的看法：AC to Augustin Vrzal, August 14, 1891, Bogimovo; AC to Vladimir Tikhonov, February 22, 1892, Moscow。

182 **当我看书时**。Chekhov 1987:20。这也提出了一个问题，即在讨论契诃夫的写作时，他生活中的哪些部分应被纳入讨论。

183 **自我民族志**。特别参阅 Reed-Danahay 1997; Meneley and Young 2005。民族志工作者的自我的一些方面有可能在并未采用"自我民族志"这个术语的情况下被揭示出来，例见 McLean and Leibing 2007。关于将自我有效地融入多形态的民族志写作，强有力的支持论述可参见 Behar 1996，Dwyer 1982，Haraway 1988，Rosaldo 1989。

186 **把自己变成一个"角色"**。Lopate 2001:44。

187 **和诺亚分开时已近黄昏**。Jackson 2004:10-11。

190 当有人告诉我"你可以去收集黑人民俗传说"时，我很高兴。Hurston 1978:3。

191 "嘿，这要不是佐拉·赫斯顿可就奇了怪了！"；"你好哇，心肝。"Hurston 1978:34-35。

195 我看着周围人的眼神。Ghosh 1992:204。

196 有时候，我真希望我当时对纳比尔讲了一个故事。Ghosh 1992:204-5。

197 就像一场草草剪过的电影。Ghosh 1992:208。

197 男人们因为他们包皮的状况而被肢解；我无法期待他们能理解。Ghosh 1992:210。

199 在古隆村庄，门廊很低。McHugh 2001:29。

201—202 这看起来不太好；从我们的孩子很小的时候起；她能够将她的世界与我的世界进行比较。McHugh 2001:114。

204 二十年后。Khosravi 2010:22-23。

208 在发出悲凉的声音。Chekhov 2004b:263。

208 这种严酷的贫穷和饥饿；想到这些，他都不想回家了。Chekhov 2004b:264。

208 我能想象出当时的情景。Chekhov 2004b:265。

209 既然年长的女人哭起来；他的灵魂里忽然掀起欢乐。Chekhov 2004b:266。

后记 为活着而写作

214 **我在星期一、二、三。** AC to A. Suvorin, May 10, 1891, Aleksin（Chekhov 2004a:281-82）。

215 **他早上 4 点起床。** Rayfield 1997:248。

215 **我感到烦闷，无聊。** AC to A. Suvorin, August 28, 1891, Bogimovo（Chekhov 2004a:268）。

215 **有时，我想坐上它三五年。** AC to A. Suvorin, August 28, 1891, Bogimovo（Chekhov1920b: 268-69）。

216 **现在当我写作。** AC to Lydia Avilova, July 26-27, 1898, Melikhovo（McVay 1994:199）。

推荐阅读与参考文献

有帮助的写作书籍

不限于民族志，许多书籍都对写作过程的多个方面有所帮助。以下包括我多年来都认为尤其激励人心、极有助益的书，也包含一些我新近发现并珍视的书。虽然无法在本书中全面引用我"收藏列表"中的每一本书，但它们的灵光都闪现在本书的书页背后。

Barrington, Judith. 1997. *Writing the Memoir: From Truth to Art*. Portland, OR: Eighth Mountain Press.

Brande, Dorothea. 1934. *Becoming a Writer*. New York: Harcourt, Brace & Co.

Cameron, Julia. 1992. *The Artist's Way: A Spiritual Path to Higher Creativity*. New York: Jeremy P.

Tarcher.

Cheney, Theodore A. Rees. 2001. *Writing Creative Nonfiction: Fiction Techniques for Crafting Great Nonfiction*. Berkeley, CA: Ten Speed Press.

Forché, Carolyn, and Philip Gerard, eds. 2001. *Writing Creative Nonfiction: Instruction and Insights from Teachers of the Associated Writing Programs*. Cincinnati: Story Press.

Goldberg, Natalie. 1986. *Writing Down the Bones: Freeing the Writer Within*. Boston: Shambhala.

King, Stephen. 2002. *On Writing: A Memoir of the Craft*. New York: Scribner.

Kramer, Mark, and Wendy Call, eds. 2007. *Telling True Stories: A Nonfiction Writers' Guide from the Nieman Foundation at Harvard University*. New York: Plume.

Lamott, Anne. 1995. *Bird by Bird: Some Instructions on Writing and Life*. New York: Anchor.

Le Guin, Ursula K. 1998. *Steering the Craft: Exercises and Discussions on Story Writing for the Lone Navigator or the Mutinous Crew*. Portland, OR: Eighth Mountain Press.

Rilke, Rainer Maria. 1984. *Letters to a Young Poet*.

Trans. Stephen Mitchell. New York: Random House.

Strunk, William, and E. B. White. 2005. *The Elements of Style*. New York: Penguin.

Ueland, Brenda. 1987. *If You Want to Write*. 2nd ed. Saint Paul, MN: Graywolf Press.

Zinsser, William Knowlton. 2006. *On Writing Well: The Classic Guide to Writing Nonfiction*. 30th anniversary ed. New York: HarperCollins.

参考文献

Abu-Lughod, Lila. 1986. *Veiled Sentiments: Honor and Poetry in a Bedouin Society*. Berkeley: University of California Press.

———. 1993. *Writing Women's Worlds: Bedouin Stories*. Berkeley: University of California Press.

Agee, James, and Walker Evans. 1960. *Let Us Now Praise Famous Men: Three Tenant Families*. New York: Ballantine Books.

Angrosino, Michael V., ed. 2007. *Doing Cultural Anthropology: Projects for Ethnographic Data*

Collection. Long Grove, IL: Waveland.

Auster, Paul. 1982/1988. *The Invention of Solitude*. New York: Penguin.

Barrington, Judith. 1997. *Writing the Memoir: From Truth to Art*. Portland, OR: Eighth Mountain Press.

Bartlett, Rosamund. 2004. *Chekhov: Scenes from a Life*. London: Free Press.

Basso, Keith H. 1996. *Wisdom Sits in Places: Landscape and Language among the Western Apache*. Albuquerque: University of New Mexico Press.

Becker, Howard. 1986/2007. *Writing for Social Scientists: How to Start and Finish Your Thesis, Book, or Article*. With a chapter by Pamela Richards. 2nd ed. Chicago: University of Chicago Press.

———. 2007. *Telling about Society*. Chicago: University of Chicago Press.

Behar, Ruth. 1993. *Translated Woman: Crossing the Border with Esperanza's* Story. Boston: Beacon Press.

———. 1996. *The Vulnerable Observer: Anthropology That Breaks Your Heart*. Boston: Beacon Press.

Behar, Ruth, and Deborah A. Gordon, eds. 1995. *Women Writing Culture*. Berkeley: University of California Press.

Belmonte, Thomas. 1979. *The Broken Fountain*. New York: Columbia University Press.

Benedetti, Jean. 1996. *Dear Writer— Dear Actress— The Love Letters of Olga Knipper and Anton Chekhov.* London: Methuen Drama.

Bourgois, Philippe, and Jeff Schonberg. 2009. *Righteous Dopefiend*. Berkeley: University of California Press.

Boynton, Robert S. 2005. *The New New Journalism: Conversations with America's Best Nonfiction Writers on Their Craft.* New York: Vintage.

Brown, Karen McCarthy. 1991. *Mama Lola: A Vodou Priestess in Brooklyn*. Berkeley: University of California Press.

Bunin, Ivan A. 2007. *About Chekhov: The Unfinished Symphony*. Trans. and ed. Thomas Gaiton Marullo. Evanston, IL: Northwestern University Press.

Burke, Kenneth, and Joseph R. Gusfield. 1989. *On Symbols and Society*. Chicago: University of Chicago Press.

Causey, Andrew. 2003. *Hard Bargaining in Sumatra: Western Travelers and Toba Bataks in the Marketplace of Souvenirs*. Honolulu: University of Hawai'i Press.

Chekhov, Anton Pavlovich. 1920a. *The Chorus Girl and Other Stories*. Trans. Constance Garnett. New York: Macmillan.

———. 1920b. *Letters of Anton Chekhov to His Family and Friends, with Biographical Sketch*. Trans. and ed. Constance Garnett. New York: Macmillan.

———. 1967. *The Island: A Journey to Sakhalin*. Trans. Luba and Michael Terpak. New York: Washington Square Press.

———. 1973. *Letters of Anton Chekhov*. Ed. Avrahm Yarmolinsky. New York: Viking.

———. 1987. *Notebook of Anton Chekhov*. Trans. S. S. Koteliansky and Leonard Woolf. New York: Ecco Press.

———. 2000. *Stories*. Trans. Richard Pevear and Larissa Volokhonsky. New York: Bantam Books.

———. 2004a. *Anton Chekhov: A Life in Letters*. Trans. and ed. Rosamund Bartlett. London: Penguin.

———. 2004b. *The Complete Short Novels*. Trans. Richard Pevear and Larissa Volokhonsky. New York: Everyman's Library.

———. 2007. *Sakhalin Island*. Trans. Brian Reeve. Oxford: Oneworld Classics.

———. 2008. *How to Write Like Chekhov: Advice and Inspiration, Straight from His Own Letters and Work*. Ed. Piero Brunello and Lena Lenček. Trans. Lena Lenček. Cambridge, MA: Da Capo Lifelong.

Cheney, Theodore A. Rees. 2001. *Writing Creative Nonfiction: Fiction Techniques for Crafting Great Nonfiction*. Berkeley, CA: Ten Speed Press.

Chitau, M. M. 1990. "The Premiere of *The Seagull* (Reminiscences)." In *Anton Chekhov and His Times*, ed. Andrei M. Turkov, 94–99. Trans. Cynthia Carlile. Moscow: Progress Publishers.

Chukovsky, Kornei. 1945. *Chekhov the Man*. Trans. Pauline Rose. London: Hutchinson.

Clifford, James. 1988. *The Predicament of Culture: Twentieth-Century Ethnography, Literature, and Art*. Cambridge, MA: Harvard University Press.

Clifford, James, and George Marcus, eds. 1986.

Writing Culture: The Poetics and Politics of Ethnography. Berkeley: University of California Press.

Collins, Peter, and Anselma Gallinat, eds. 2010. *The Ethnographic Self as Resource: Writing Memory and Experience into Ethnography.* New York: Berghahn Books.

Coope, John. 1997. *Doctor Chekhov: A Study in Literature and Medicine.* Chale: Cross Publishing.

Crang, Mike, and Ian Cook. 2007. *Doing Ethnographies.* Los Angeles: Sage.

Cruikshank, Julie. 2005. *Do Glaciers Listen? Local Knowledge, Colonial Encounters, and Social Imagination.* Vancouver: University of British Columbia Press; Seattle: University of Washington Press.

Das, Veena. 2007. *Life and Words: Violence and the Descent into the Ordinary.* Berkeley: University of California Press.

Davies, Charlotte Aull. 2002. *Reflexive Ethnography: A Guide to Research.* New York: Routledge.

Dhar, Sheila. 2005. *Raga'n Josh: Stories from a Musical Life.* New Delhi: Permanent Black.

Dwyer, Kevin. 1982. *Moroccan Dialogues: Anthropology in Question*. Baltimore: Johns Hopkins University Press.

Elbow, Peter. 1998. *Writing without Teachers*. 25th anniversary ed. New York: Oxford University Press.

Ellen, Roy, ed. 1984. *Ethnographic Research: A Guide to General Conduct*. London: Academic Press.

Emerson, Robert M., Rachel I. Fretz, and Linda L. Shaw. 1995. *Writing Ethnographic Fieldnotes*. Chicago: University of Chicago Press.

Finke, Michael C., and Julie de Sherbinin, eds. 2007. *Chekhov the Immigrant: Translating a Cultural Icon*. Bloomington, IN: Slavica Publishers.

Flueckiger, Joyce Burkhalter. 2006. *In Amma's Healing Room: Gender and Vernacular Islam in South India*. Bloomington: Indiana University Press.

Forché, Carolyn, and Philip Gerard, eds. 2001. *Writing Creative Nonfiction: Instruction and Insights from Teachers of the Associated Writing Programs*. Cincinnati: Story Press.

Forster, E. M. 1927/1955. *Aspects of the Novel*. New York: Harcourt, Brace & Company.

Gay y Blasco, Paloma, and Huon Wardle. 2007. *How to Read Ethnography*. London: Routledge.

Geertz, Clifford. 1973. *The Interpretation of Cultures: Selected Essays*. New York: Basic Books.

———. 1983. *Local Knowledge: Further Essays in Interpretive Anthropology*. New York: Basic Books.

———. 1988. *Works and Lives: The Anthropologist as Author*. Stanford, CA: Stanford University Press.

George, Kenneth M. 2004. "Violence, Culture, and the Indonesian Public Sphere: Reworking the Geertzian Legacy." In *Violence: Culture, Performance and Expression*, ed. Neil L. Whitehead, 25–54. Santa Fe: SAR Press.

Ghosh, Amitav. 1989. *The Shadow Lines*. New York: Viking.

———. 1992. In *an Antique Land: History in the Guise of a Traveler's Tale*. London: Granta Books/ Penguin

Gibbal, Jean-Marie. 1994. *Genii of the River Niger.*

Trans. Beth G. Raps. Chicago: University of Chicago Press.

Goldenveizer, A. B. 2006. *Talks with Tolstoi.* In Translations from the Russian. Trans. Virginia Woolf and S. S. Koteliansky, 181–290. Southport: Virginia Woolf Society of Great Britain.

Gorky, Maxim. 1921. "Fragments of Recollections." In *Reminiscences of Anton Chekhov.* Trans. S. S. Koteliansky and Leonard Woolf, 1–28. New York: B. W. Huebsch.

———. 1959. *Literary Portraits.* Trans. Ivy Litvinov. Moscow: Foreign Languages Publishing House.

Gornick, Vivian. 2001. *The Situation and the Story: The Art of Personal Narrative.* New York: Farrar, Straus and Giroux.

Gupta, Akhil, and James Ferguson, eds. 1997. *Anthropological Locations: Boundaries and Grounds of a Field Science.* Berkeley: University of California Press.

Gutkind, Lee, ed. 2005. *In Fact: The Best of Creative Nonfiction.* New York: W. W. Norton.

Haraway, Donna. 1988. "Situated Knowledges: The Science Question in Feminism and the Privilege of

Partial Perspective." *Feminist Studies* 14: 575–99.

Hingley, Ronald. 1976. *A New Life of Anton Chekhov*. New York: Knopf. Hurston, Zora Neale. 1978. *Mules and Men*. Bloomington: Indiana University Press.

Jackson, Bruce, and Edward D. Ives, eds. 1996. *The World Observed: Reflections on the Fieldwork Process*. Urbana: University of Illinois Press.

Jackson, Michael. 1989. *Paths towards a Clearing: Radical Empiricism and Ethnographic Inquiry*. Bloomington: Indiana University Press.

———. 2004. *In Sierra Leone*. Durham, NC: Duke University Press.

———. 2006. *The Politics of Storytelling: Violence, Transgression and Intersubjectivity*. Copenhagen: Museum Tusculanum Press.

James, Allison, Jenny Hockey, and Andrew Dawson, eds. 1997. *After Writing Culture: Epistemology and Praxis in Contemporary Anthropology*. London: Routledge.

Karlinsky, Simon. 1975. *Anton Chekhov's Life and Thought: Selected Letters and Commentary*. Trans. Michael Henry Heim with Simon Karlinsky. Berkeley:

University of California Press.

Kendall, Laurel. 1988. *The Life and Hard Times of a Korean Shaman: Of Tales and the Telling of Tales.* Honolulu: University of Hawai'i Press.

Khosravi, Shahram. 2010. *"Illegal" Traveller: An Auto-Ethnography of Borders.* Basingstoke: Palgrave Macmillan.

Knipper-Chekhova, Olga. 1960. "The Last Years." In *A. P. Chekhov: 1860–1960*, ed. Julius Katzer, 31–55. Moscow: Foreign Languages Publishing House.

Korovin, K. A. 1990. "From My Meetings with Anton Chekhov." In *Anton Chekhov and His Times*, ed. Andrei M. Turkov, 16–23. Trans. Cynthia Carlile. Moscow: Progress Publishers.

Koteliansky, Samuel S., trans. and ed. 1927. *Anton Tchekhov: Literary and Theatrical Reminiscences.* New York: G. H. Doran.

Kramer, Mark, and Wendy Call, eds. 2007. *Telling True Stories: A Nonfiction Writers' Guide from the Nieman Foundation at Harvard University.* New York: Plume.

Kuprin, Alexander. 1927. "To Chekhov's Memory." In *Reminiscences of Anton Chekhov.* Trans. S. S.

Koteliansky and Leonard Woolf, 29–90. New York: B. W. Huebsch.

Langness, L. L., and Gelya Frank. 1981. *Lives: An Anthropological Approach to Biography*. Novato, CA: Chandler & Sharp.

Lassiter, Luke E. 2005. *The Chicago Guide to Collaborative Ethnography*. Chicago: University of Chicago Press.

Lopate, Philip. 2001. "Writing Personal Essays: On the Necessity of Turning Oneself into a Character." In *Writing Creative Nonfiction: Instruction and Insights from Teachers of the Associated Writing Programs*, ed. Carolyn Forché and Philip Gerard, 38–44. Cincinnati: Story Press.

Low, Setha M., and Denise Lawrence-Zúñiga, eds. 2003. *The Anthropology of Space and Place: Locating Culture*. Malden, MA: Blackwell.

Luey, Beth, ed. 2004. *Revising Your Dissertation: Advice from Leading Editors*. Berkeley: University of California Press.

Malcolm, Janet. 2001. *Reading Chekhov: A Critical Journey*. New York: Random House.

Malinowski, Bronislaw. 1922/1961. *Argonauts of*

the Western Pacific: An Account of Native Enterprise and Adventure in the Archipelagoes of Melanesian New Guinea. London: George Routledge & Sons.

Marcus, George E. 1998. *Ethnography through Thick and Thin*. Princeton, NJ: Princeton University Press.

Marcus, George E., and Michael M. J. Fischer. 1999. *Anthropology as Cultural Critique: An Experimental Moment in the Human Sciences*. 2nd ed. Chicago: University of Chicago Press.

McConkey, James, ed. 1984. *Chekhov and Our Age. Responses to Chekhov by American Writers and Scholars*. Ithaca, NY: Cornell University Center for International Studies.

McHugh, Ernestine. 2001. *Love and Honor in the Himalayas: Coming to Know Another Culture*. Philadelphia: University of Pennsylvania Press.

McLean, Athena, and Annette Leibing, eds. 2007. *The Shadow Side of Fieldwork: Exploring the Blurred Borders between Ethnography and Life*. Malden, MA: Blackwell.

McVay, Gordon, trans. and ed. 1994. *Chekhov: A Life in Letters*. London: Folio Society.

Mead, Margaret. 1928. *Coming of Age in Samoa: A*

Psychological Study of Primitive Youth for Western Civilization. New York: W. Morrow & Co.

Meneley, Anne, and Donna Jean Young, eds. 2005. *Auto-Ethnographies: The Anthropology of Academic Practices*. Peterborough, ON: Broadview Press.

Mills, C. Wright. 1959. *The Sociological Imagination*. New York: Oxford University Press.

Mintz, Sidney W. 1974. *Worker in the Cane: A Puerto Rican Life History*. New Haven, CT: Yale University Press.

Mulcahy, Joanne. 2010. *Remedios: The Healing Life of Eva Castellanoz*. San Antonio, TX: Trinity University Press.

Myerhoff, Barbara. 1978. *Number Our Days*. New York: Dutton.

Nabokov, Vladimir. 1960/1981. *Lectures on Russian Literature*. Ed. Fredson Bowers. London: Pan Books.

Narayan, Kirin. 1989. *Storytellers, Saints, and Scoundrels: Folk Narrative in Hindu Religious Teaching*. Philadelphia: University of Pennsylvania Press.

———. 1997. *Mondays on the Dark Night of the Moon: Himalayan Foothill Folktales*. In collaboration with Urmila Devi Sood. New York: Oxford University Press.

———. 1999. "Ethnography and Fiction: Mapping a Border." *Anthropology and Humanism* 24:1–14.

———. 2007a. "Tools to Shape Texts: What Creative Nonfiction Can Offer Ethnography." *Anthropology and Humanism* 32 (2): 130–44.

———. 2007b. *My Family and Other Saints.* Chicago: University of Chicago Press.

———. 2008. "'Or in Other Words': Recasting Grand Theory." *Journal of Folklore Research* 45 (1): 83–90.

Narayan, Kirin, and Kenneth M. George. 2000. "Interviewing for Folk and Personal Narrative." In *Handbook of Interview Research*, ed. Jay Gubrium and James Holstein, 815–31. New York: Sage.

Nemirovich-Danchenko, V. I. 1990. "Chekhov." In *Anton Chekhov and His Times,* ed. Andrei M. Turkov, 74–93. Trans. Cynthia Carlile. Moscow: Progress Publishers.

Olson, Gary. 1991. "The Social Scientist as Author: Clifford Geertz on Ethnography and Social Construction." In *(Inter)views: Cross-Discplinary*

Perspectives on Rhetoric and Literacy, ed. Gary A. Olson and Irene Gale, 187–210. Cabondale: Southern Illinois State Press.

Pitcher, Harvey. 1979. *Chekhov's Leading Lady: A Portrait of the Actress Olga Knipper*. London: John Murray.

———. 1999. *Chekhov: The Comic Stories*. Chicago: Ivan R. Dee.

Popkin, Cathy. 1992. "Chekhov as Ethnographer: Epistemological Crisis on Sakhalin Island." *Slavic Review* 51 (1): 36–51.

Prose, Francine. 2006. "What We Can Learn from Chekhov." *In Reading Like a Writer: A Guide for People Who Love Books and for Those Who Want to Write Them,* 233–48. New York: HarperCollins.

Queneau, Raymond. 1958. *Exercises in Style*. Trans. with an introduction by Barbara Wright. London: Gaberbocchus.

Rayfield, Donald. *1997. Anton Chekhov: A Life.* New York: Henry Holt.

Read, Kenneth E. 1965. *The High Valley*. New York: Scribner.

Reed-Danahay, Deborah, ed. 1997. *Auto/ethnography:*

Rewriting the Self and the Social. Oxford: Berg.

Robben, Antonius, C. G. M., and Jeffrey A. Sluka, eds. 2007. *Ethnographic Fieldwork: An Anthropological Reader.* Malden, MA: Blackwell.

Root, Robert L., and Michael Steinberg, eds. 2005. *The Fourth Genre: Contemporary Writers of/on Creative Nonfiction.* New York: Pearson Longman.

Rosaldo, Renato. 1989. *Culture and Truth: The Remaking of Social Analysis.* Boston: Beacon Press.

Ryfa, Juras T. 1999. *The Problem of Genre and the Quest for Justice in Chekhov's The Island of Sakhalin.* Studies in Slavic Languages and Literature, vol. 13. Lewiston, NY: Edwin Mellen Press.

Said, Edward. 1978. *Orientalism.* New York: Pantheon.

Salinger, J. D. 1963. *Raise High the Roof Beam, Carpenters,* and *Seymour—An Introduction.* Boston: Little, Brown.

Scheper-Hughes, Nancy. 1992. *Death without Weeping: The Violence of Everyday Life in Brazil.* Berkeley: University of California Press.

Seizer, Susan. 2005. *Stigmas of the Tamil Stage: An Ethnography of Special Drama Artists in South*

India. Durham, NC: Duke University Press.

Sharman, Russell Leigh, ed. 2007. "The Art of Ethnography: Narrative Style as a Research Method." Special issue. *Anthropology and Humanism* 32.

Shchepkina-Kupernik, T. L. 1990. "On Chekhov." In *Anton Chekhov and His Times*, ed. Andrei M. Turkov, 38–73. Trans. Cynthia Carlile. Moscow: Progress Publishers.

Shore, Bradd. 1982. *Sala'ilua, a Samoan Mystery*. New York: Columbia University Press.

Sims, Norman, and Mark Kramer, eds. 1995. *Literary Journalism: A New Collection of the Best American Nonfiction*. New York: Ballantine Books.

Singer, Milton B. 1972. "Passage to More than India." In *When a Great Tradition Modernizes: An Anthropological Approach to Indian Civilization*, 11–38. New York: Praeger.

Soulerzhitsky, L. A. 1927. "Reminiscences by Mme. M. P. Lilin." In *Anton Tchekhov: Literary and Theatrical Reminiscences*. Trans. and ed. S. S. Koteliansky, 170–71. New York: G. H. Doran.

Stanislavski, Constantin. 1968. *Stanislavski's Legacy*.

Trans. and ed. Elizabeth Reynolds Hapgood. London: Methuen.

Stoller, Paul. 1989. *The Taste of Ethnographic Things: The Senses in Anthropology*. Philadelphia: University of Pennsylvania Press.

Stoller, Paul, and Cheryl Olkes. 1987. *In Sorcery's Shadow: A Memoir of Apprenticeship among the Songhay of Niger*. Chicago: University of Chicago Press.

Strathern, Marilyn. 1987. "Out of Context: The Persuasive Fictions of Anthropology." *Current Anthropology* 28 (3): 251–81.

Sunstein, Bonnie Stone, and Elizabeth Chiseri-Strater. 2002. *FieldWorking: Reading and Writing Research*. 2nd ed. Boston: Bedford/St. Martin's.

Talese, Gay, and Barbara Lounsberry, eds. 1996. *Writing Creative Nonfiction: The Literature of Reality*. New York: HarperCollins College.

Taussig, Michael. 2004. *My Cocaine Museum*. Chicago: University of Chicago Press.

Tedlock, Barbara. 1991. "From Participant Observation to the Observation of Participation: The Emergence of Narrative Ethnography."

Journal of Anthropological Research 47:69–94.

Tedlock, Dennis. 1983. *The Spoken Word and the Work of Interpretation.* Philadelphia: University of Pennsylvania Press.

———. 1993. *Breath on the Mirror: Mythic Voices and Visions of the Living Maya.* San Francisco: Harper.

Tedlock, Dennis, and Bruce Mannheim, eds. 1995. *The Dialogic Emergence of Culture.* Urbana: University of Illinois Press.

Thornton, Robert J. 1983. "Narrative Ethnography in Africa, 1850–1920: The Creation and Capture of an Appropriate Domain for Anthropology." *Man* 18:502–20.

Tsing, Anna Lowenhaupt. 1993. *In the Realm of the Diamond Queen: Marginality in an Out-of-the-Way Place.* Princeton, NJ: Princeton University Press.

———. 2005. *Friction: An Ethnography of Global Connection.* Princeton, NJ: Princeton University Press.

Turkov, Andrei M., ed. 1990. *Anton Chekhov and His Times.* Trans. Cynthia Carlile and Sharon

McKee. Moscow: Progress Publishers.

Turner, Victor. 1960. "Muchona the Hornet, Interpreter of Religion." In *In the Company of Man: Twenty Portraits by Anthropologists*, ed. Joseph B. Casagrande, 334–55. New York: Harper.

Valencius, Conevery Bolton. 2007. "Chekhov's Sakhalin Island and Medical Geography." In *Chekhov the Immigrant: Translating a Cultural Icon*, ed. Michael C. Finke and Julie W. De Sherbinin, 299–314. Bloomington, IN: Slavica Publishers.

Van Maanen, John. 1988. *Tales of the Field: On Writing Ethnography*. Chicago: University of Chicago Press.

Vitebsky, Piers. 2005. *The Reindeer People: Living with Animals and Spirits in Siberia*. Boston: Houghton Mifflin.

Waterston, Alisse, and Maria D. Vesperi, eds. 2009. *Anthropology Off the Shelf: Anthropologists on Writing*. Malden, MA: Wiley Blackwell.

Willerslev, Rane. 2007. *Soul Hunters: Hunting, Animism, and Personhood among the Siberian Yukaghirs*. Berkeley: University of California Press.

Wolf, Margery. 1992. *A Thrice-Told Tale: Feminism, Postmodernism and Ethnographic Responsibility*. Stanford, CA: Stanford University Press.

Wolfe, Tom. 1968. *The Electric Kool-Aid Acid Test*. New York: Farrar, Strauss and Giroux.

Wolcott, Harry F. 2001. *Writing Up Qualitative Research*. 2nd ed. Thousand Oaks, CA: Sage.

Wood, James. 1999. "What Chekhov Meant by Life." In *The Broken Estate: Essays on Literature and Belief*, 74–88. New York: Random House.

薄荷
think as
the natives
荷
实验

"薄荷实验"是华东师范大学出版社旗下的

社科学术出版品牌，主张"像土著一样思考"

(Think as the Natives)，

以期更好地理解自我、他人与世界。

该品牌聚焦于社会学、人类学方向，

探索这个时代面临的重要议题。

相信一个好的故事可以更加深刻地改变现实，

为此，我们无限唤醒民族志的魔力。

MINTLAB BOOKS

《生活在写作之中：与契诃夫一同磨砺民族志技艺》

基伦·纳拉扬 著 淡豹 译

薄荷实验 · 中文原创

《生熟有道：普洱茶的山林、市井和江湖》

张静红 著

《过渡劳动：平台经济下的外卖骑手》

孙萍 著

《薄暮时分：在养老院做田野》(暂名)

吴心越 著

版权声明：